10キロやせて

永久キープする
ダイエット

山崎潤子

［監修］
海保博之

文響社

はじめに

いつのまにか、10キロやせた。

特別なことをしたわけではない。
さして我慢もしていない。
しかも私は40代、やせにくいお年ごろである。

そしていま、リバウンドもせずに体重をキープしている。
いつもの失敗ダイエットと違って、今回は永久にキープできるだろうという、
そこはかとない自信まである。

ああ、やせるってすばらしい。
服が似合うようになって、外出するのが楽しくなる。

顔まわりもすっきりして、メイクをするのも楽しくなる。

ショップで堂々と試着できるし、美容院で物怖じすることもない。

仕事の打ち合わせや取材にも、心なしか自信をもって臨める。

そして何より、毎日が楽しい！　生きるのが楽しい！

（すべて自分基準）。


するとと、まわりの人が口をそろえていう。

「いったいどうやってやせたの？」と。

こう聞かれると、とても困る。

「うーん。なんというか、ひと言じゃ説明できない……」というのが正直な気持ちだからだ。


「どうやってやせたの？」と聞かれて困るのは、その答えが人それぞれ違うから。

身長も体重も、環境も仕事も、趣味嗜好も違うのだから、万人に効くダイエット法などあるはずがない。

私がやせた方法をものすごーく簡単に説明するなら、

❶自己分析してみた
❷自分に合った方法を見つけた
❸そしてそれが習慣となった

この3ステップだ。

「つらい食事制限や運動をがんばった」というよりは、「自分と向き合い、考え、実行した」だけ。必要だったのは1冊のノートと体重記録のスマホアプリのみ。**「我慢や忍耐」ではなく、「知性」に頼ったのだ。**

やせるためには、頭と心を変えることがとても重要だ。

その証拠に、私がやせて、体重をキープできているのは、管理栄養士でもパーソナルトレーナーでもなく、心理学者である海保（かいほ）先生の教えのおかげなのだ。

世の中にはダイエット方法がゴマンと存在するが、なかなか効果は出ない。一時的に効果が出ても続かない。

なぜなら、自分に合わない方法は不自然だし、続かないから。

ダイエットでもっとも大切なのは続けることであり、続かない方法では意味がない。

ゴマンとあるダイエット方法に何度も飛びつき、やせられず、リバウンドを繰り返してきた私がいうのだから間違いない。


本書では、私が海保先生から学んだこと、そして体重を10キロ減らしたプロセスをまとめている。

同じような方法論で、編集のＨ田さん、Ｔ谷さんもそれぞれ４キロやせてキープ中だ。彼女たちはもともと私ほど太っていなかったので減り幅は少ないが、なんというか、確実に「普通の人」から「スリムできれいな人」になっている。すごい！　ふたりの体験は、コラムマンガで紹介しているのでぜひご参考に。

もくじ

第7章 永久キープするための考え方

ブックデザイン | albireo
イラスト | 上田惣子
DTP | つむらともこ
校正 | 鷗来堂

第１章

思えばずっと小太りだった

森の中で妖怪に出会った

体重計に表示される数字が60キロを超えてから、はや数年。

はじめて60キロを超えたときはショックを受けたが、すっかり慣れた。

私の身長は156・5センチ。肥満度を表すBMI（ボディマス指数）でいえば、身長156・5センチの場合、体重61・2キロを超えると「肥満度1」だ。

BMIはぽっちゃりにやさしい。だって61・2キロ以下であれば「標準」に入れてくれるのだから。つまり、かろうじて60キロを超えていなかったころは、ぽっちゃりであっても「（一応）標準圏内」という免罪符があった。

しかし、いまの私は「肥満度1」。

もうぽっちゃりなどという言葉ではごまかせない。医学的数値から見ても、完全なデブなのだ。

58キロを超えたあたりから、外出先のトイレの鏡で自分の姿を見なくなった。

＊BMI—肥満度を表す指数。計算式は体重（キロ）÷［身長（メートル）×身長（メートル）］。日本肥満学会による基準では、18・5〜25未満が標準、18・5以下は低体重、25以上は肥満と判定される。

森の中で笑う妖怪。「こんなの絶対私じゃない！」と思いたかったが、まぎれもない自分の姿だった。写真は正直だ……。

ひ、ひろ〜い…
うっかりギャザースカートをはくと、体の面積がとてつもないことに。

手を洗うときは鏡のなかの自分と目が合わないよう、そっと目を伏せる。なぜなら鏡に映っているのはいかにももっさりしたおばさんであり、本来の自分はこうであるはずだというイメージとずいぶんかけ離れていたからだ。

旅先で撮った写真もひどかった。

最初のころは「ああ、このときはずいぶん写真写りが悪かったんだな……」なとど思ったが、写真写りが悪いのは一度だけではなかった。あるときなど、森の中で妖怪に出会ったのかと思うほどのひどいものだった。

洋服もことごとく似合わなくなった。

お気に入りだったデニムは太もものあたりでストップする。外出着のブラウスやジャケットはボタンが閉まらない。Tシャツははちきれんばかりだし、コートは肩まわりがきつくて腕が動かせない。

着られなくなったたくさんの洋服をクローゼットの奥にしまい込み、ウエストまわりを隠してくれるチュニック&レギンスというおばさんコーデがどんどん増えていった。

「もう40歳をとうに超えたのだから、多少の中年太りはしかたないよね。見た目

なんて気にしないで、好きなものを食べて生きていけばいいじゃない」

心の底からこう思えたら、どんなに幸せだろうか。

思えば私の人生は、ずっとダイエットに振り回されてきた。

「いつか絶対にやせる」「やせれば本当はかわいいんじゃゃ？」と思いながら、ウン十年すぎてしまった。太っているというコンプレックスを抱えたまま、「いつかやせる」という夢を見続けながら、私は死んでいくのだろうか。

いやダメだ。そんなのいやだ。

今度こそやせよう。絶対に、リバウンドしないダイエットをしよう。

そして残りの人生、自信をもって生きていくんだ。

失敗ダイエットの歴史

長らく小太り人生を送ってきた私だが、これまでずっと手をこまねいていたわけではない。

むしろダイエットに関しては自ら「ライフワーク」と豪語するほどにくわしい。置き換えダイエット、血液型ダイエット、レコーディング・ダイエット、ヨーグルトダイエット、ゆるい糖質制限、ウォーキング、スクワット……。ＤＤＲ（アーケードゲーム）やＷｉｉ Ｆｉｔもやった。あと、電気を流して筋肉をピクピク動かすという機械も手に入れた。

カロリーの知識も万全だ。ごはん１００グラム１６８キロカロリー、食パン６枚切り１枚１５８キロカロリー、卵１個77キロカロリー、牛乳２００グラム１３４キロカロリー、サラダ油大さじ１杯１１１キロカロリーなど、主要食品のカロリーはすべてインプットされている。

はじめて本格的なダイエットに取り組んだのは20歳のとき。

大学の夏休み、１カ月間、１日１０００キロカロリー以下。

食品成分表を片手にキッチンスケールですべての食品の重量をはかり、ノートに記録。一分の隙もない完璧なカロリー計算をした。

それまで好きなものを好きなだけ食べていた20歳の小太り女性が、１カ月間空腹と闘い続けたのだ。「食事制限ってこれほどつらいのか」と生まれてはじめて

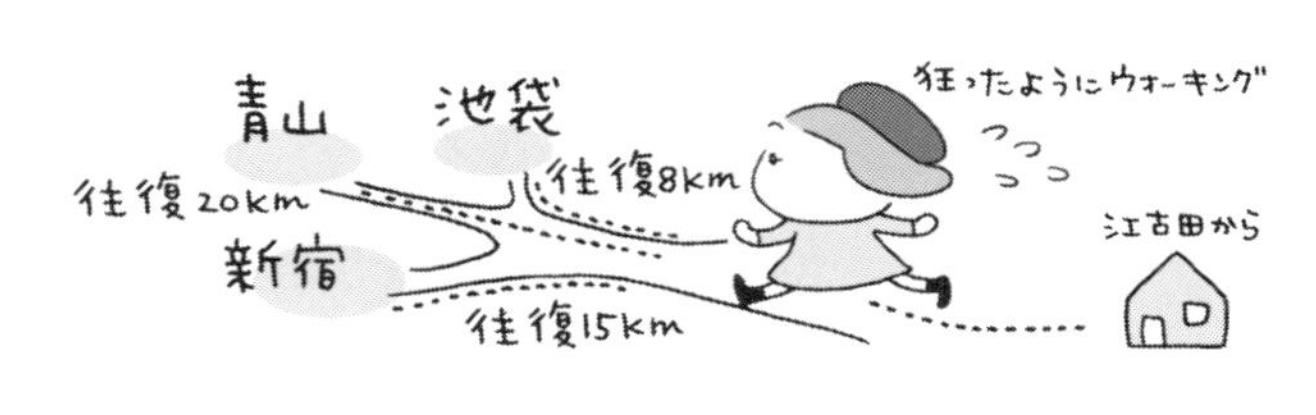

痛感した。

56キロだった体重は、1カ月で51キロまで落ちた。

ダイエット中は本当に苦しかったが、「食べなきゃやせられるんだ」という妙な自信はついた。新学期がはじまり生活をもとに戻すと、1カ月で6キロ増え、あっというまに57キロになっていた。「これが世にいうリバウンドか」と実感した。

いつのまにかやせていたケースもあった。

25歳のころ、それまで住んでいた4畳半のアパートの狭苦しさに嫌気がさし、同じ家賃で駅徒歩30分、2DKのマンションに引っ越したのだ。

相変わらずごはんはたっぷり食べていたが、駅まで徒歩30分（往復1時間）が効いたらしい。3キロほどやせて、しばらくは54キロをキープした。

このときは「歩く（運動する）とやせるんだ」と実感した。1年あまりで駅徒歩2分の部屋に引っ越したら、いつのまにか体重は戻ってしまったが。

そして私は小太りのまま20代を終えた。会社は6回ほど変わったが、体重が減ることはなかった。

30代では、10キロ以上やせたこともある。

31歳でフリーランスのライターとなった私は、ほぼ家にこもって仕事をするようになっていた。

ライターというのは、忙しいときほど動かない。ひどいときは3日くらい1歩も外に出ず、ベッド、デスク、トイレ、風呂、キッチンのあいだを往復するだけ。そして仕事のストレスは食べることで解消する――。当然太った。

ある日体重計に乗ると、なんと58・5キロという見たことのない数字になっていた（いま思えば甘いが）。「もう少しで60キロ」という事実に衝撃を受け、すぐさま本気のダイエットを開始した。

「華奢（きゃしゃ）ですね」といわれた瞬間

当時流行っていたビリーズブートキャンプ*とレコーディング・ダイエット*を軸にダイエット開始。都内の移動はできるだけ電車を使わず自転車か徒歩という運動もプラスした。

結果、半年ほどで10キロやせた。一時的ではあるが、48・5キロという夢のような数字も記録した。40キロ台になったのは、なんと小学4年生以来だった。

*ビリーズブートキャンプ
2007年ごろに大ヒットした短期エクササイズダイエット法。鬼軍曹ビリーに励まされながら負荷の高いエクササイズをするのが売りの4枚組DVD。

*レコーディング・ダイエット
岡田斗司夫氏が提唱したダイエット法。食べたものを克明に記録することで、摂取カロリーや食生活の問題点への気づきとなる。

人生で一瞬48・5キロまでやせたころの下半身写真。

このころ、初対面の人に「山崎さんって、すごく華奢ですね」といわれ、本当に、本当に驚いた。

「まさか、この人の目には、私が華奢に見えているのか……」と。

子どものころから小太り街道を歩んできた私にとって、「華奢」などというのは異次元の形容詞。もちろん生まれてはじめてかけられた言葉だ。

こびりついたセルフイメージは小太りのままだったのだが、客観的には「華奢」に見えるまでになったのだ。「私、けっこうやせたんだなぁ」と実感した。

いま思えば、かなり無理のあるダイエットだった。もともと運動が苦手な自分がビリー隊長についていくのはつらかったし、不自然な長距離ウォーキングも長くは続かない。

それでも1～2カ月は50キロ前後をキープしただろうか。やせたことに満足した私は、徐々に自分に甘くなっていった。体重はあっというまにもとに戻り、半年間の努力は泡となって消えた。

ここで紹介したダイエット遍歴のほかにも、「ダイエットを決意→1～2キロやせる→何かのきっかけで戻る→もうやだ、やめる」という失敗は数えきれない。

そして40代も半ばとなったいま、体重計は62・5キロという数字を刻んでいた。

第2章

真剣に現状分析

やせる法則はたったひとつ

私のようにダイエットをライフワークとしながらなかなかやせられない人は、世の中に星の数ほどいるだろう。

そして、ほとんどの人はやせる法則を知っている。その法則は、非常にシンプルだ。

摂取カロリーを消費カロリーよりも少なくする。

たったこれだけだ。

病気で投薬中の人や、特異体質の人を除けば、間違いなくこれでやせられる。

世に出ているあらゆる「◯◯ダイエット」というのは、摂取カロリーを消費カロリーよりも少なくするためのメソッド探しなのだ。

ジョギングでカロリーを消費する。筋トレで基礎代謝を上げ消費カロリーを増やす。1週間野菜スープばかり食べたり、1食をドリンクに置き換えたりして摂取カロリーを下げる……。糖質制限などを併用すればさらにパフォーマンスが上がるだろう。

つまり、食事をコントロールして運動すればやせる。

そんなことはわかっている。

やせる方法はわかっているのに、やせられないのはなぜだろう。

実行できないからだ。

たとえ実行できたとしても、続かないからやせられない。

そう、続かない。

では、どうして続けることができないのだろう……。

続けられないのは心が原因。そうだ、専門家に聞こう

「年末年始って食べちゃうよねぇ」

「そうですよねー」

「あ、でもこのケーキおいしそう。このサイズなら３００キロカロリー以下かもしれないよ！」

ある日、カフェで編集者のＨ田さんとこんな与太話をしていたときのこと。

「……山崎さんってこんなにダイエットにくわしいのに、どうしてやせられないんだろう」

「そうなのよ。自分でもそう思う！」

「ダイエットできないのは、心に問題があるからじゃないですか？　一度心理学の先生に話を聞いてみましょうよ！」

そんなわけでＨ田さんに紹介してもらったのが、海保博之（かいほひろゆき）先生だ。

海保先生は心理学者で、当時とある大学の学長さんであった。大学の学長さんといえば、一般庶民が近づくことのできない、エラい人のはず。お会いする前は少々緊張した。

「どうも海保です。こんにちは〜」

エラい人のはずなのにそんな雰囲気はまったくなく、想像以上にフレンドリーな海保先生に、少々拍子抜けした。

そして、直感した。この人なら、ダイエットに挫折し続けている私の心をわかってくれるに違いない。そして、ダイエット成功に導いてくれるに違いない！

その日から、海保先生を私のダイエットにつきあわせるという日々がはじまったのである。

ダイエットって、つまり生活習慣

海保先生はとってもスリムだ。若いころからまったく体重が変わらないという。専門は認知心理学*。海保先生はダイエットの専門家ではないが、きっと心をコントロールする術を知っているのだろう。認知心理学がなんなのかはよくわからないが、なんだかダイエットに効きそうな雰囲気がある……。

先生。私、今度こそダイエットを成功させたい！　ダイエットを続けるため

＊認知心理学
記憶、判断、注意集中といった人の知的な頭の働きがどうなっているのかを研究し、その力をよりパワーアップさせて、私たちの仕事や生活に役立てていく学問領域。

の精神力を手に入れるにはどうしたらいいんですか？

うーん。ダイエットねえ。ダイエットって生活の一部だから、とりあえず続ければいいんだよ。大げさな精神力なんていらないよ。

簡単にいいますけど、それができたら苦労しないですよ。ダイエットってつらいものなんです。それに続けるっていつまで？

一生かなあ。

ちょ、先生。一生なんてそんなこといわないで。一生ってことは死ぬまで永久に？　そんなの拷問に近いですよ。

そんなことないよ。簡単簡単（にこり）。

ダイエットは苦しい。苦しいから続かない。続かないから挫折する。続かないからリバウンドする。思えばなんだってそうだ。英語の勉強も、資格の勉強も、続けることさえできれば、人生は変えられるのだろう。

やせるための理屈はわかってるんです。でも続けられない。世のダイエッターはみんなそうなんです！

そんな堅苦しく考えないことだよ。ダイエットって、つまりは生活習慣でしょう。つまり、習慣づけることが大切。まずは習慣を変えてみようよ。

しゅ、習慣ですか。それは朝起きて歯を磨くというような？

そうですよ。

たしかに体型は習慣がつくるものかもしれないけど……。

でしょう。山崎さんが太ったのは山崎さんの生活習慣に原因があるんだから。

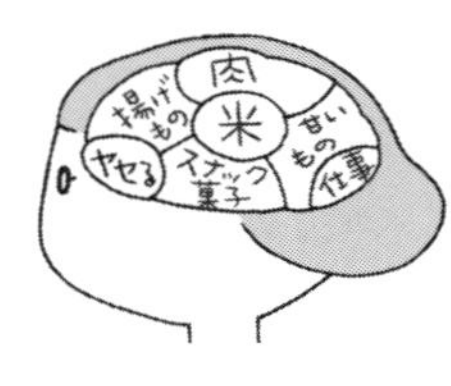

それを改善すればいいじゃない。

また、ずいぶん簡単にいいますね。

太ったのは生活習慣が原因。その通りだ。
私はとにかくいやしい。食べることが好きすぎて、食べ物のことばかり考えてしまうのだ。大事な取材や打ち合わせであっても、目の前においしそうなお菓子がおかれていたら、気もそぞろになってしまう。

ダイエットが生活習慣と考えたら、100通り、1億通り、いや無数の「やせる生活習慣」があるはず。だから、**自分に合った「やせる生活習慣」**を見つければいいだけなんじゃないかな。

なるほど。「自分に合った」っていうのがポイントですね。

その通り。習慣を「変える」ことは大切だけど、「我慢」は必要ないんだよ。

我慢したら続かないからね。

海保先生は「ダイエットに我慢はいらない」という。

それは、ダイエットの概念を変えるものだった。

たしかに歯を磨くように習慣化ができれば、一生続けられる。我慢したり、生活の邪魔になるようなことでは続くはずがない。

これまでのダイエットはつらく、苦しいものだから失敗したのではないだろうか。我慢に我慢を重ねてやせる、というイメージが、そもそも間違っていたのかもしれない……。

ダイエット前のミッション①「現状分析」

何かをなしとげるために、まず大切なことがあるんだよ。

それは「**現状分析**」と「**目標設定**」。

ダイエットを成功させるためには、まずこのふたつをきちんと行うプロセスが大切。それをしないで「○○ダイエット」に飛びつくから、みんな失敗するんじゃないのかな。

つまり現状を分析することと目標を設定することですね。そのまんまだけど。

ポイントは、どちらも人によって違うってこと。「自分なりの現状分析」と「自分なりの目標設定」が大切。山崎さんが太った原因を分析してみようよ。そうすれば、何をすべきかが見えてくると思うよ。

はあ。太った原因……。

まずはさ、現状分析からはじめてごらんよ。

現状分析のポイントは「自分を正確に知る」こと。ダイエットでいえば、自分が太った原因を探ることだよね。これを真剣に考えることが重要だよ。

現状分析するときは、かならず書き出すこと。そしてそれを人に見てもらう。

客観的に現状を把握するためには、頭のなかだけで考えてたらダメ。

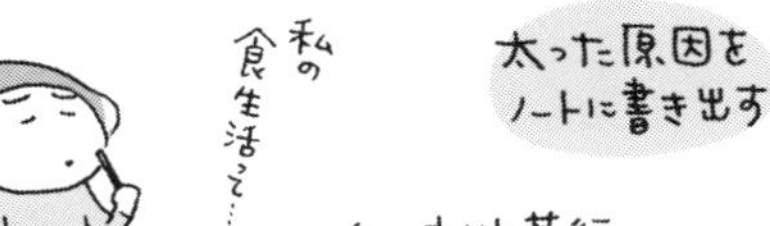

はい！　やってみます。

デブはこうしてつくられた

海保先生にいわれた通り、まずは現状分析をしてみることにした。真剣に。

繰り返しになるが、私の身長は156・5センチ、体重は62～63キロをいったりきたり。ここ数年で体重が5キロほど増えたのだが、思春期以降、私の体重はずっと標準体重を上回っていた。

なぜ、私は太っているのだろうか。

思い起こせば小学校低学年くらいまでは好き嫌いが多く、どちらかというとやせた子どもだった。しかし徐々に私の人生は、飽食の時代へと突入していく。

小学校3年生のころ、学校から帰っておなかがすいたというと、母か祖母が、私の大好きなたらこふりかけをまぶした大きなおにぎりを、ふたつつくってくれ

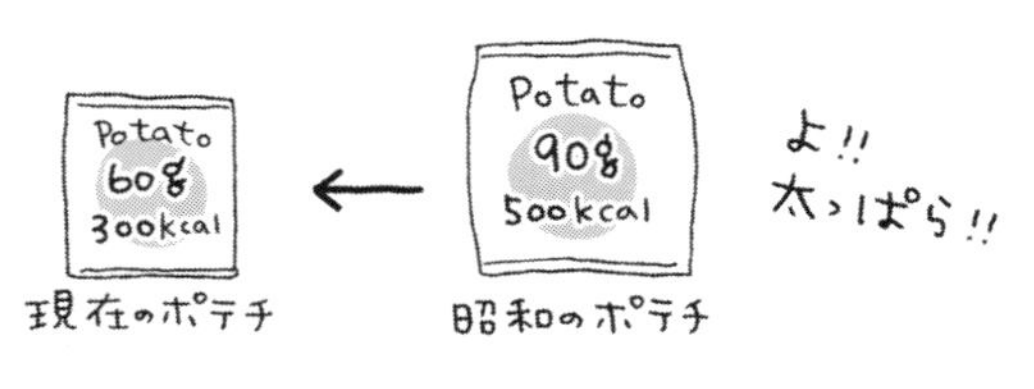

た。私はそれをむしゃむしゃと食べた。

悪魔の食べ物、ポテトチップスと出会ったのもこのころだ。おやつはポテチかおにぎり、またはその両方。もちろんポテチは一度開けたら残すなどという概念はなかった。最後のカスまで平らげた。

おやつをたっぷり食べたにもかかわらず、夕食ではごはんをかならず2杯、3杯とおかわりした。おかわりしないと母親が「体調でも悪いの？」と心配したほどだ。

考えてみれば、家族全員小太りで、母親も「あんまり食べていないのに、やせない……」とよくこぼしていた。

そして私は、親戚や近所のおばさんに会うたび「あら、体格がいいねぇ」といわれるようになる。察しのよい子どもだったため、それが純粋なほめ言葉ではないとうすうす気づいていたのだが。

かくして中学生のころから、常に55キロオーバー固定の小太り人生がスタートする。私の体型は上半身に肉がつきやすい、いわゆる「りんご型」のため、ぱっと見は女子プロレスラーのようだった。

やせないまま、大学生になり、東京でひとり暮らしをはじめた。慣れない生活でやせるということもなく、小太り体型はしっかりキープできていた。
友人と夕食をとったあと、帰り道におなかがすいてコンビニ弁当を買う。好きなおかずをつくるとごはんを2合（1074キロカロリー）炊いて一度に完食する。菓子パンやサンドイッチ、おにぎりなど、実家にいるときにはあまり食べられなかったコンビニ飯に明け暮れる。やせるはずがなかった。
こうしてデブはつくられたのだ。

書き出さないと見えない、真実の生活（2000キロカロリー）

さて、過去の食生活を振り返ったところで、現在はどうだろうか。
1日のタイムスケジュールは、次のようなものだ。

・10時ごろ……起床・朝食兼昼食
ごはん＋おかず、もしくはパンなどを食べる

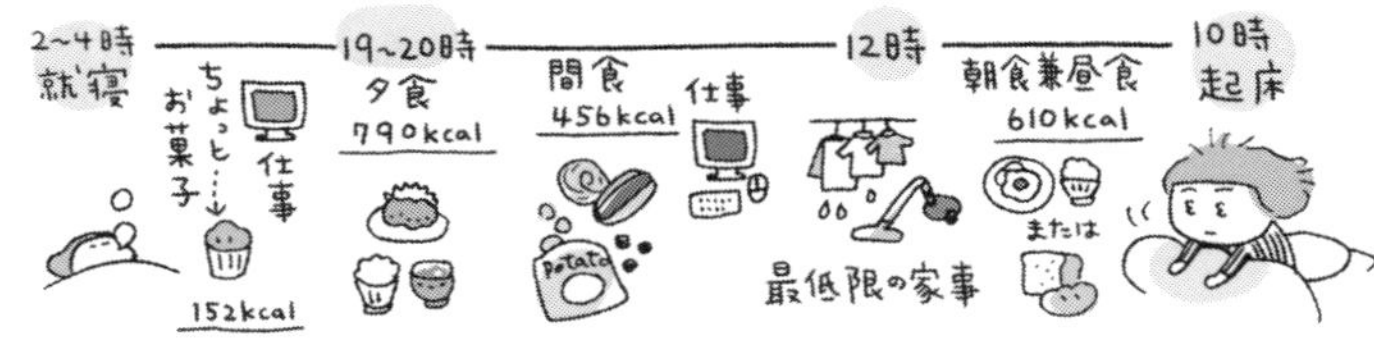

・**12時くらいまで……洗濯や最低限の掃除など**
・**12時くらいから……家で仕事・合間に間食**
パン、お菓子、スナック菓子を食べる
・**19時~20時……夕食**
主食+おかず数品をしっかり食べる
・**20時以降……仕事、入浴など**
仕事の合間に夜食。ちょっとしたお菓子などをつまむ
・**2時~4時……就寝**

取材や打ち合わせのため外出したり、外食したりする日もあるが、だいたいこんな感じである。

ある日の摂取カロリーを計算してみると、次のような結果となった。

・朝食兼昼食……ごはん(1杯180グラム・302キロカロリー)、納豆(1パック40グラム・87キロカロリー)、ウインナー(2本分・130キロカロリー)、卵焼き(1個分・91キロカロリー)

↓計610キロカロリー

・間食……ポテトチップス（1/2袋30グラム・166キロカロリー）、メロンパン（1/2個・225キロカロリー）、ヨーグルト（1個・65キロカロリー）

↓計456キロカロリー

・夕食……豚肉のしょうが焼き（365キロカロリー）、キャベツの千切り＋ドレッシング（72キロカロリー）、ごはん（1杯180グラム・302キロカロリー）、冷奴（51キロカロリー）

↓計790キロカロリー

・夜食……チョコ菓子（2個・130キロカロリー）、飴（22キロカロリー）

↓計152キロカロリー

合計2008キロカロリーである。

……自分では「1日2食＋αだしそれほど食べていない」つもりだったが、思った以上に食べていた。数日間データをとってみると、やはり次のような結果だった。

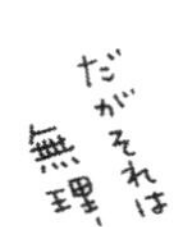

＊ほとんど動かない私の場合、２００８キロカロリー摂取するなら、毎日1時間程度ジョギングしなければならない。

・**朝食……約５００キロカロリー**
・**間食……約４００〜６００キロカロリー**
・**夕食……約７００〜９００キロカロリー**
・**夜食……約２００キロカロリー**

だいたい**1日1800〜2200キロカロリー**。平均すれば毎日２０００キロカロリーほど摂取していることになる。

40代女性で２０００キロカロリー摂取してもよいのは、毎日通勤したり子育てで走り回ったりという、ある程度活動的な人だろう。＊

私の場合、打ち合わせや取材がなければ家で仕事をしているため、ほぼ動かない。そのうえたまにはラーメンや焼肉を食べたり、休日に外食したりが加わるのだから、明らかにカロリーオーバー。じわじわ太っていくのも当たり前だった。

厚生労働省の基準によれば、私（女性・30〜49歳・身体活動レベル：低）の標準的な必要エネルギー量は**1750キロカロリー**だという。日々の摂取カロリーがこのくらいであれば、普通の体型を維持できるであろうという数字である。

つまり、１７５０キロカロリー以上食べていれば標準よりも徐々に太ってい

き、これ以下であれば徐々にやせていくというわけだ。もちろん個人差はあるだろう。私は会社員や主婦よりもさらに活動レベルが低いため、1600キロカロリーくらいが適正な摂取カロリーだと考えられる。毎日2000キロカロリーとっていれば、そりゃあ太るよ……。

また、私のこれまでの食生活を分析してみると、太った原因は圧倒的に「ごはん」によるところが大きいと思われる。

そう。私はごはんが大好きなのだ。

好きな食べ物は、ハンバーグや焼肉といったこってりしたおかず+ごはん。この「+ごはん」が肝心だ。ごはんがあるからこそおかずが生きる。こってりおかずとごはんの組み合わせはまさに至福。外食でおいしいハンバーグ定食などを食べると「ああ、もうワンセット同じものが食べたい」と心から思う。

自分なりに現状分析をしてみた結果、次のようなことがわかった。

【山崎の現状分析】

・見た目はもちろん医学的に見ても、太っている
・1日の平均的な摂取カロリーは約2000キロカロリー
・仕事柄、消費カロリーが普通の人よりも少ない
・適正カロリーは1600キロカロリーほどと思われるので、1日400キロカロリーほどカロリーをとりすぎている
・とにかく〝ごはん〟が好きである

これらは頭のなかでうっすら「わかっていた」こと。しかし文字して外に出すことで、意識や視点が変わったのだ。実際に書かなきゃ絶対に実感できない！
やせたい読者は、ぜひ、書いてみて（書式は問わず）！

読者の方がこのページまでにやるべきこと◎現状分析

・以下をノートなどに書き出し、じっくり読む、何度も読む

書くことがダイエットに効果があることは、書かないとわからない。

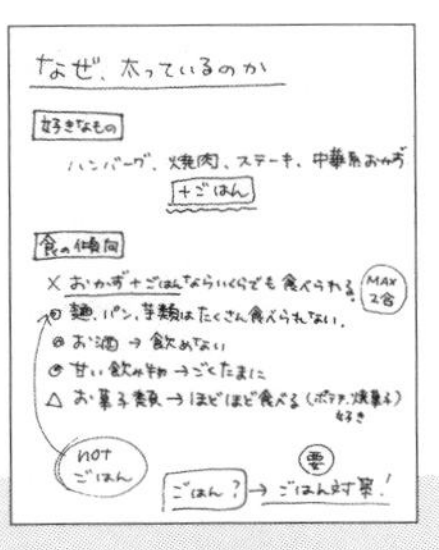

□**食生活と体型、体重の歴史を振り返る**

いまの体型、体重になったのは、かならずそれを裏づける生活習慣の歴史があるはず。ダイエットをはじめる前に、「なぜ太ったのかストーリー」を明るみに出し、自覚しておく。

□**何を食べて太ったのか、その正体を見極める**

お菓子なのか、ごはんやパンなのか、それとも揚げ物なのか。お酒や甘い飲み物太り、という場合もある。スタバのフラペチーノで400キロカロリーを超えるものも！

□**1日の平均的な摂取カロリーを計算してみる**

めんどうかもしれないが、最低1週間はカロリーの記録を続けよう。スマホのアプリ等を使うと計算がラク（ちなみに山崎は「あすけん」というアプリを使用した。10種以上試して残ったのが「あすけん」）。

□1日の平均的な消費カロリーを確認する

「厚生労働省、推定エネルギー必要量」で検索すると、おおよその消費カロリーがわかる（個人差があるので、あくまでも目安）。

編集者H田とT谷の
永久キープダイエット体験記
それはある日の編集部
ねぇねぇT谷さんダイエットしない？
この本の担当編集者H田
えっ？
…の隣の席のT谷
カサカサ
ブルボン
食の世界
酒の世界
ダイエットって「仲間」が大事らしいの
一緒にどお？
先生が言ってた
パフ
ダイエットってそれお菓子では…
ブルボ
うーん　そうですねー
スカートイン
ははははっ
モヤモヤ
やりましょう
ヤセたい!!
この唐突な誘いからふたりのダイエットははじまったのであった
よーーーし！
仲間ゲット！

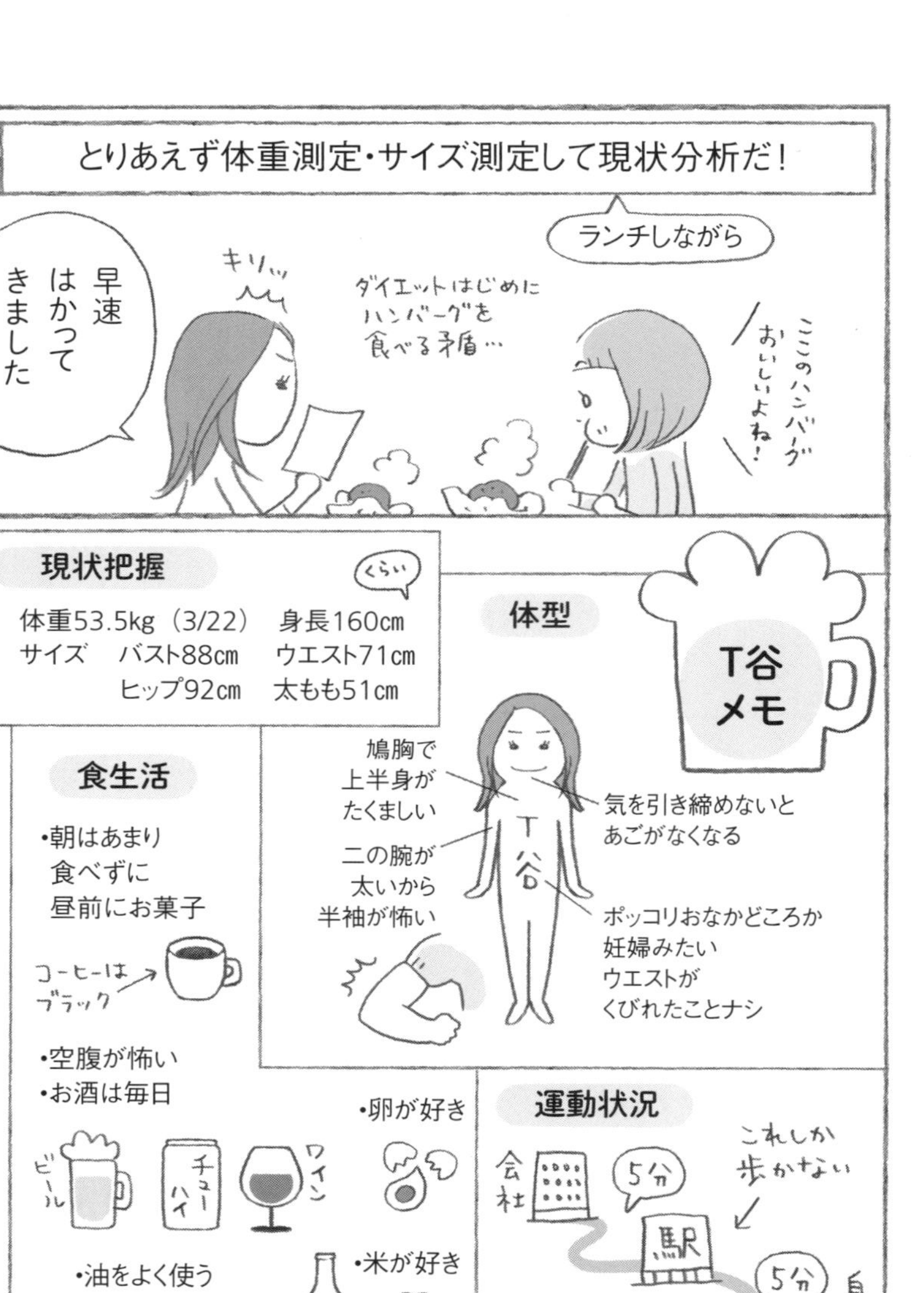

とりあえず体重測定・サイズ測定して現状分析だ!
ランチしながら
早速はかってきました
キリッ
ダイエットはじめにハンバーグを食べる矛盾…
ここのハンバーグおいしいよね!
現状把握
くらい
体重53.5kg(3/22) 身長160cm
サイズ バスト88cm ウエスト71cm
ヒップ92cm 太もも51cm
体型
T谷メモ
鳩胸で上半身がたくましい
気を引き締めないとあごがなくなる
二の腕が太いから半袖が怖い
T谷
ポッコリおなかどころか妊婦みたい
ウエストがくびれたことナシ
食生活
•朝はあまり食べずに昼前にお菓子
コーヒーはブラック
•空腹が怖い
•お酒は毎日
ビール
チューハイ
ワイン
•卵が好き
•油をよく使う揚げ物が好き!
OIL
•米が好き
運動状況
会社
5分
これしか歩かない
駅
5分
自宅

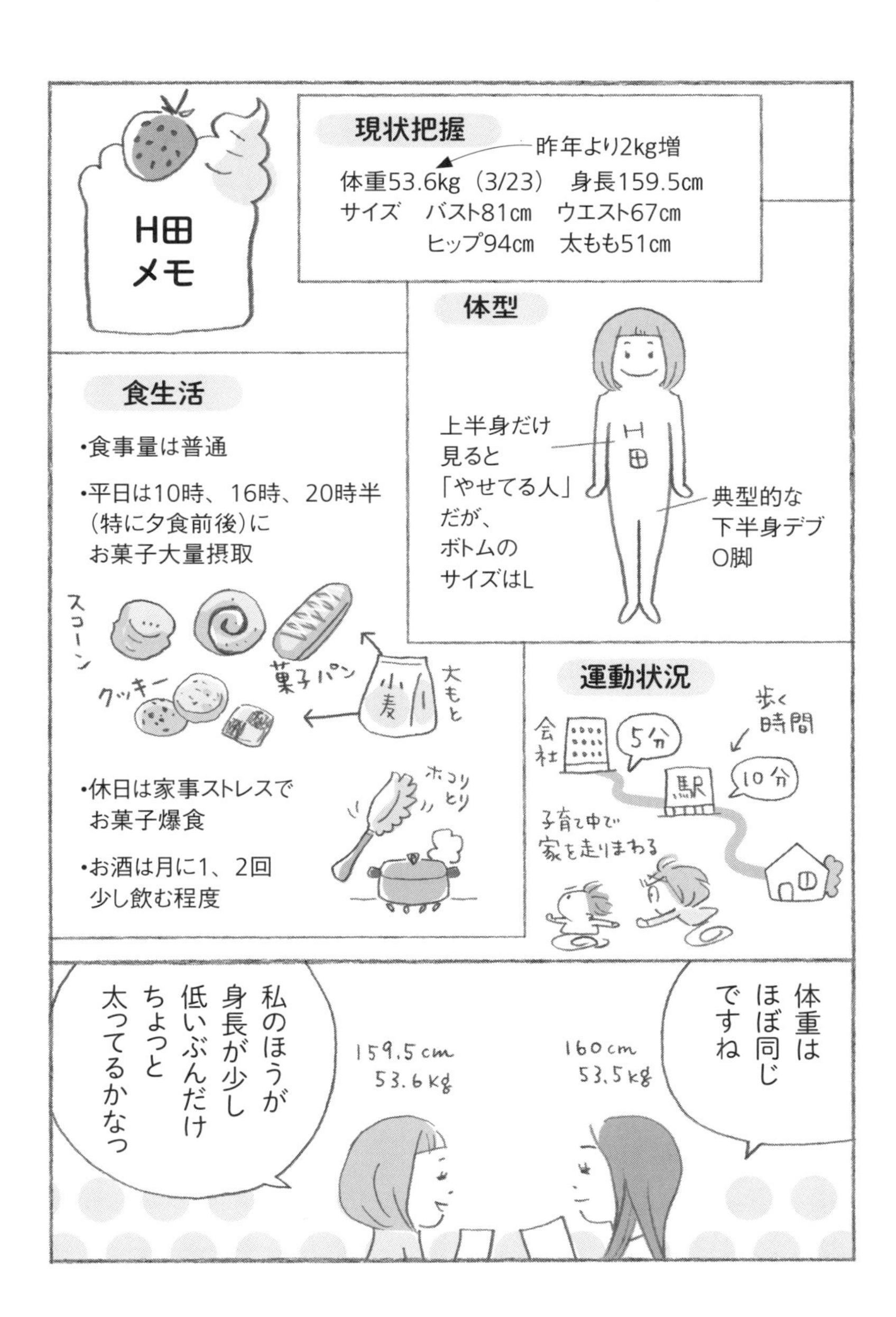
H田
メモ
現状把握
昨年より2kg増
体重53.6kg（3/23）　身長159.5cm
サイズ　バスト81cm　ウエスト67cm
ヒップ94cm　太もも51cm
体型
上半身だけ
見ると
「やせてる人」
だが、
ボトムの
サイズはL
H
田
典型的な
下半身デブ
O脚
食生活
•食事量は普通
•平日は10時、16時、20時半
（特に夕食前後）に
お菓子大量摂取
スコーン
菓子パン
クッキー
小麦
太もと
•休日は家事ストレスで
お菓子爆食
ホコリとり
•お酒は月に1、2回
少し飲む程度
運動状況
会社
5分
歩く時間
駅
10分
子育て中で
家を走りまわる
体重は
ほぼ同じ
ですね
160cm
53.5kg
159.5cm
53.6kg
私のほうが
身長が少し
低いぶんだけ
ちょっと
太ってるかなっ

20代のころから
5kgも太って
おちなく
なったんです
そうなんだ！
太った理由って？
夜中に
ステーキと
パフェ食べてた
からかな
…
メモ
見ると
T谷さんは上半身に
ボリュームが
あるんですね
T谷
メモ
足がすごく
細いし長い！
母も足が
とても
細いんです
遺伝かな
ハンプティ
ダンプティ
母
上半身に肉が
つきやすくて
顔がすぐ
二重あごに
なるんです
私はお尻と
太もも
だなー
スカートで
カバー
H田さん
座ってるとやせて
見えますよ
そうね
上半身しか
見えないから…
ずっと
座って
ようかな
オホホホホ

お酒は毎日飲むんですか？
それはもう！
ブンブンブン
家でも？
はい！
ひとりでも？
はい！
悲しいときは？
ズイッ
たっぷりと！
H田さんはお菓子って何食べるんですか？
そーねえー
スーパーで売ってるお菓子ブルボンが大好き♡
バームロール
チョコリエール
ルマンド
ホワイトロリータ
全部ロングセラーすごい!!
愛
編集者じゃなかったらブルボンか赤城乳業で働きたいなーって妄想して採用情報や年収を調べたことあるくらい♡
ヤマザキナビスコも好きだったけど別資本になったし……
せまい
プチシリーズも好き！ブルボンの詰め合わせは1日で食べちゃう
愛
愛
プチ バター
プチ きなこウエハース
プチ チョコチップ

ダイエットで絶対できないことって何?
う——ん
食べることが好きなので極端な糖質制限とか、ムリかな
お酒も毎日ちょっとでいいから飲みたいです
私もお菓子断ちはムリだなー
今まで何度もしてるけど
お菓子を2週間やめただけで2kg落ちた…が耐えられず ルマンド一袋一気食いで元のモクアミに
お菓子
でも「ストレスで爆食」っていうのはやめたい!
ダイエット成功!!
私も「空腹」を怖がらないようにしたいです!
脱・空腹
現状分析終わり 次回 目標設定に続く

第3章

「なりたいイメージ」と「アクションプラン」

ダイエット前のミッション②「目標を立てる」

とりあえず現状を分析し、把握したつもりの私は、さっそく海保先生に報告することにした。

太った原因はわかった？

はい。真剣に現状分析をやってみたら、わかった気がします。

ふむふむ。ある程度「自分を知る」ことはできたみたいだね。

そうなんです！　若いころみたいに暴食していないから「あまり食べていない」つもりだったんですけど、思った以上に食べていたことに驚きました。

そうそう。自分を正確に見ることができていないというケースは意外に多いものだよね。「自己イメージ」と「実際の自分」がものすごく乖離している人って、少なくないんだよ。

目を背けずに直視したことで、実際の自分を見極めることができました。

現状認識ができたところで、次は目標を決めておこうよ。

そうですねぇ。できれば40キロ台が理想だけど、年齢的にも維持が難しいと思うんですよ。かといってBMI22の標準体重である54キロよりはやせたい。というわけで、中をとって52・5キロくらいまで落としたいと思ってます！

ふうん。よくわからない理屈だけど、つまりあと10キロくらい減量したいっていうことだよね。まあ、52・5キロという数字は、目安として考えておいたほうがいいよ。

「目安」ですか？

そう。絶対目標ではない。あくまで「目安」としての数値を出しておく。ものさしの役割だね。

目標をそんなに軽く考えていいんでしょうか。

「○カ月以内に絶対○キロまでやせる」というのは、減量必須のボクサーのようなアスリート的ダイエット法だからね。目標にこだわりすぎるのは、自分自身で「挫折のもと」をつくりだすようなものなんだ。

これには驚いた。目標を立てることはいいことだと思っていたが、挫折の原因を増やし、「やっぱりダメだった」という、ネガティブイメージを生みかねないと、海保先生はいうのだ。

今回のダイエットは、生活習慣を変えて、永久キープすることがテーマでしょう。数値目標よりも、「こんな感じの自分になり、それをキープし続ける」というイメージが大切だと思うよ。

なるほど。たしかに、「こんな感じ」っていうイメージは大切かも！

「なりたいイメージ」こそが目標。「いつまでに○キロやせる」というのは目安だよ。

私のダイエット成功後のイメージは、「モデルのようにやせたいとは思わないけれど、好きな服が似合う標準体型をキープし続けたい」というもの。それが目標体重の目安である52・5キロくらいだという気がするのだ。

海保先生によれば、**「なりたい自分」「目標体重の目安」「続けられる生活習慣」**を矛盾なくすり合わせることが、永久キープダイエットの鉄則らしい。体重は1日のなかでも上下するし、女性は生理周期などで2キロくらい変わることもある。

数字よりも「この服が似合う」というようなイメージのほうが、目標として適切なのかもしれない。

なるべく「長い時間かけてゆっくりやせる」

目標達成には期限を設置したほうがいいけど、現状とあまりにかけ離れていたら、逆効果だからね。1カ月で5キロ減とか、無謀な計画は習慣化できるはずがない。

たしかに、1カ月で5キロ減らせたら最高だけど、達成するには相当ハードなことをしないといけないもんなぁ。

みんな早くやせたがるけど、そういう目標の立て方をすると、達成しにくいし続かないよ。本来は1年後はこのくらい、3年後はこのくらい、10年後はこのくらいっていうくらいのスタンスでいいんだよ。

3年後かぁ。そういえばダイエットで3年後って、遠すぎて考えたことなかったかも……。

1カ月とか3カ月とか、短いスパンでダイエットを考えるからだろうね。じゃあ山崎さんが無理なく10キロやせるためには、どのくらいの期間が必要だと思う？

以前半年で10キロやせたことがあるんですけど、あっというまにリバウンドしちゃったんですよ。それを考えると1年？　いや2年ってことになるのかなぁ。でも2年もダイエットなんて、続くかなぁ……。

大丈夫大丈夫。今回のダイエットのポイントは「一生続けられる習慣」なんだから。ダイエットをしていることを忘れるくらいの感覚になることが大切。2年くらいのスタンスで考えたほうがいいかもね。

＊2年で10キロ減
一般的に7200キロカロリー消費すれば脂肪が1キロ減るといわれている。2年で10キロやせるためには、単純計算で1日100キロカロリーよぶんに消費（もしくは摂取を減らす）すればよいことになる。
ただし体重が減ると必要カロリーや消費カロリーも減るため、そのあたりも勘案しなければならない。

先生、それまでちゃんとつきあってくださいね。

多くのダイエッターたちは、早くやせたい、もっとやせたいと願うものだ。つまり、高い目標を立ててしまう。なぜなら、早く理想の体型になりたいから。そして、苦しい期間は短いほうがいいから。

これまでの私は、食欲と闘いながら「こんな我慢は二度といやだ！　早く目標体重を達成してラクになりたい」、やりたくもない運動をしながら「こんな苦しいことをいつまで続けなきゃならないのか。早くやめたいからがんばろう！」と考えていた。

しかし、時間を味方につけ、「時間をかけてやせよう」*と考えると、1日あたりの負担が減り、苦しさや我慢が消えることに気がついた。

【山崎の目安（体重・期間）と目標（なりたいイメージ）】

・目安↓2年後の夏くらいまでに、10キロやせて52・5キロになる。

・目標↓好きな服をサラリと着て、サラリと出かけられる自分（現在、少しでもやせて見えるよう外出前にコーデを検討。鏡の前でものすごーく時間がかか

*これまで失敗を重ねてきた私が、現在やせて体重をキープできているからこそわかる。短期決戦は苦しくつらい「失敗するための」ダイエット。いずれリバウンドするので、時間を無駄につかうだけだ。太く短くよりも、細く長く続けることが人を変える！

る)。打ち合わせや取材に、自信をもって臨める自分。

目標 → なりたいイメージ

目安 → 2年後までに10kgやせる

読者の方がこのページまでにやるべきこと◎目標を立てる

・以下をノートなどに書き出し、じっくり読む、何度も読む

□なりたいイメージ＝ダイエットの目標を考える

なりたいイメージとはつまり、ダイエットの目標。なぜやせたいのか、どんな外見(内面でも)になりたいのか、やせるとどのようなよいことがあるのか。どんなことでもよいので、イメージをふくらませる。

□どのくらいやせるか、目安を決める

「なりたいイメージ」から導き出した具体的な数値(体重、サイズなど)をノートに記す。人気ブランド○○のSサイズのデニムがはけるように、などでもよい。

□どのくらいで達成するか、目安を決める

「1週間で3キロやせる」「3カ月で10キロやせる」といったスピード重視のものであってはならない。この数値目標は、途中で調整可能なので、ざっくりとした期間設定でOK。

大切なのは「習慣化できるかどうか」

2年以内に10キロやせる。そしてその体重をずーっとキープする。

なんてすてきなんだろう。考えるだけでわくわくする。

私がなぜ52・5キロを目安にしたかといえば、過去のダイエット経験からだ。過去この体重を瞬間的に経験しているのだが、そのときの記憶は、次のような感じである。

♡どんな服もある程度似合うようになる
♡ショーウインドウに映った自分が、太っていない
♡明らかに体が軽い

もちろん年を重ねているので若いころのようにはいかないだろうが、このくらいまでやせれば「いい感じの自分」になり、人生が楽しくなるであろうという根拠なき確信があった。

次は無理なく目標を達成するための方法を考えてごらんよ。現状分析によって太った原因をつかむことができたんだから、自ずとダイエットの方法もわかるよね。ぼくはダイエットの専門家じゃないから、方法についてはこれまでさんざん失敗してきている山崎さんのほうがくわしいだろうし。

はい。たしかに……。

大切なのは、「習慣化できるかどうか」「一生続けられるかどうか」だから、生活のなかに無理なく取り入れられるものがいいだろうね。「毎日10キロジョギング」なんてほとんどの人は続かないでしょう。そういう無理なことじゃなくて、できるだけ長く続けられそうなことがポイント。

つまり自分と相性のいい方法[*]を見つけるってことですよね。

そうだね。まずはアクションプランをリストアップして、実際にやってみる。実際にやっていくなかで「これは続きそうだ」というものを見つけてみたらどうかなぁ。もちろん効果も検証しながらね。

はい！　なんだかやる気になってきました！

「自分で考えて、気づく」ってことが大事だからね。まあがんばってみてよ。

＊自分と相性のいい方法
海保先生いわく「日常生活のなかにとけこんでしまう」方法のこと。

アクションプランのリストづくり

海保先生のアドバイス通り、さっそく「アクションプラン」をつくってみることにした。「毎日ジョギング」とか「おやつ禁止」とか無理そうなことはやめて、自然に、長〜く続けられそうなことを考えねばならない。

現状分析を書いたノートをもう一度読み直す。

結果、私の場合は「ごはん（白飯）」や「間食」への対策が必須だと思われる。在宅での仕事がメインなため、多少の運動不足対策も重要だろう。

というわけで、自分なりに続けられそうなプランリストを作成してみた。

❶毎朝体重をはかり、記録
❷毎朝体脂肪率をはかり、記録
❸カロリー計算をする
❹1日1600〜1800キロカロリー摂取を目標にする

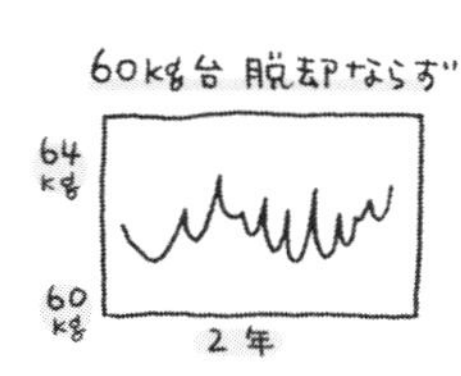

❺ごはんは１食につき１２０グラム（２０２キロカロリー）
❻おやつは１日２００キロカロリーまで
❼20回以上噛む
❽おなかがすいたら歯磨きをして空腹をまぎらわす
❾間食をしそうになったらスクワット10回
❿アロマをたいて食欲をまぎらわす
⓫毎晩ウォーキングをする（30分程度）
⓬エクササイズＤＶＤで運動（30分）

無理なこと、苦しすぎることは避け、現在の生活のなかで「一生続けられそうなこと」に絞ってみたつもりだ。これができれば2年で10キロやせることもできるはずだ、きっと。

実は、この12のリストのなかで、すでに継続していることがふたつある。

それは❶「毎朝体重をはかり、記録」と、⓬「エクササイズＤＶＤで運動（30分）」だ。

❶の体重記録は、60キロを超えて「このままじゃヤバい。いつかなんとかしな

いと……」と思いつつ、2年近く続けている。

しかし毎朝体重をはかっても、体重が減ることはなく、60キロオーバーは変わらなかった。しいていえば記録をはじめてから体重に大きな変化はないため、これ以上の増加を防止するという効果はあるのかもしれない。

⓬のエクササイズDVDは、あまりの運動不足と加齢による筋肉量低下への恐怖からはじめた。外出しなかった日の入浴前に行うことに決め、週4日ペースですでに半年以上続いている。これも体が多少引きしまったかも？　というくらいの実感はあるものの、体重減の効果はほとんどなかった。

よって、リストのなかでも❶と⓬は、「続けることはできるが体重減に大きな効果はない」ことだと思われる。ただし目標達成には体重記録は重要だし、日々の運動もやめる必要性もないのでこのまま継続することにした。

現実の自分を受け入れてはじめて、変化できる

現状分析ノートを読めば読むほど「私は食べることが好きなのだ」と実感した。

ウヒヒ！
夕飯食べてないからガッツリいけるぞ！
…よく考えるとそんなにおなかすいていない…

しかし世の中には「食に興味がない」という人がいる。

何かに熱中して食事をとる時間がなかったら「あ、食べるの忘れてた。まあ、いいか」というような人。食べることがめんどうで、「最低限の栄養がとれるならなんでもかまわない」というような人。まれにそういう人に出会うことがあるが、彼らはおしなべてやせている。

私は、どんなに忙しくても、食事は抜かない。事情があって食事をとれなかったときも、あとから「何がなんでも何か食べよう！（おなかがすいていなくとも）」という思考回路なのだ。

最初に聞いておきたいんですけど、「食べたい」という欲求をどうにかすることはできないんですか？　世の中には「食に興味がない」っていう人がいるじゃないですか。私、そういう人になりたいんです！

あはは。それは無理だよー。

あら先生。……ずいぶんはっきりいいますね。

食への関心と行動は、生きるうえで大切なことだからね。そういう意味では、山崎さんは生存能力が高いのかもしれないよ（笑）。

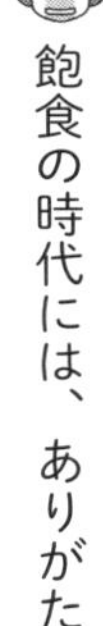

飽食の時代には、ありがたくない能力ですね……。

「食べたい」っていう欲求は、人間として健全だということだよ。そんなことで悩むほうがおかしいというか、そういう自分を受け入れる「自己受容」がダイエットには必要だろうね。

食べたい自分を受け入れるってことですか？

そう。食べたい気持ちを否定せず、**食べるのが大好きな山崎さんに合ったダ**イエットのやり方を考えてみることが大切なんだよ。**大切なのは自分の価値観や性質を否定せず、受け入れること。**受容なくして変革はないからね。

「受容なくして変革なし！」ですか。なんだか名言っぽいです！

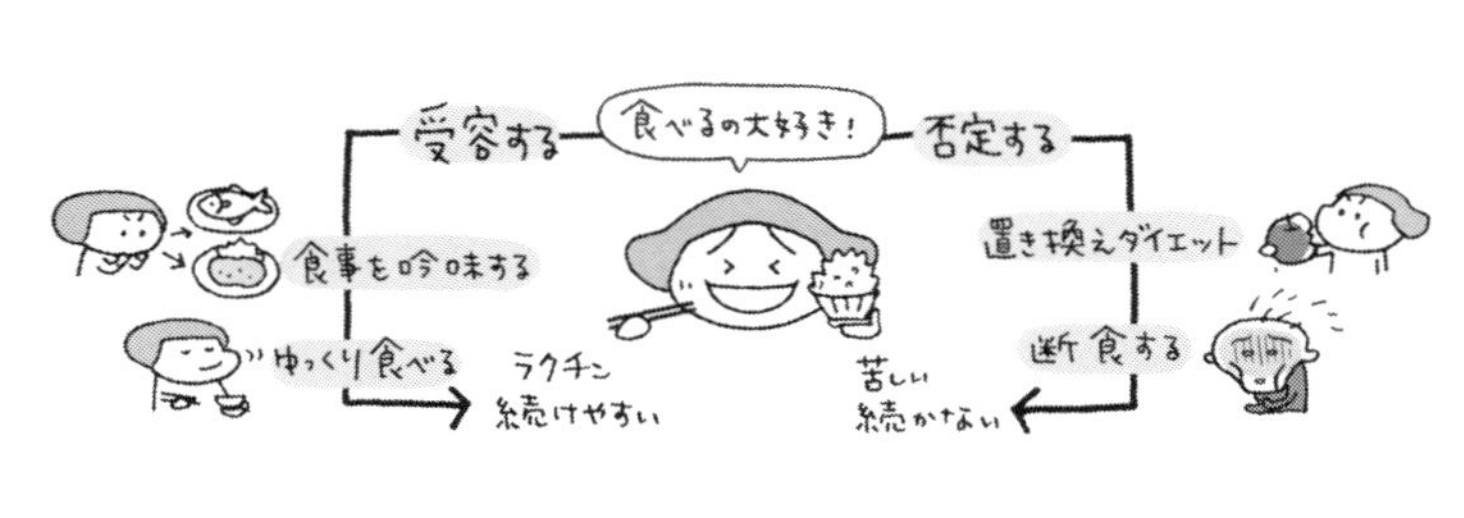

先生はさらにくわしく説明してくれた。

自分が「A（例：食べることが好き）」という価値観や性質をもっていたとする。それを受け入れずに否定すると、「A」とかけ離れた「B（例：食の楽しみを断つ）」のダイエットに飛びつくことになる。しかし、「B」はもともとの自分の価値観や性質にまったくそぐわないものなので、続かない。

「A」を認め、受容すると、「A'（例：好きなものを食べつつ量を減らす）」「A''（例：ゆっくり食べる）」という現実的な目標とアクションプランを導き出すことができる。「A'」「A''」は続けやすく、効果が見込める。

自己受容していないと、「B」に飛びついて失敗し、さらに「B'（例：置き換えダイエット）」「B''（例：断食ダイエット）」に飛びついてふたたび失敗するということを繰り返してしまうのだ。

つまり、受容するとポジティブスパイラルが生まれる。

否定するとネガティブスパイラルが生まれ、いずれトラウマとなる。

私の場合、食べるのが好きな自分は変えられないので、受け入れる。そのうえで「食事を吟味する」「ゆっくり食べる」などのプランを立てていく。

マンガに登場する編集のH田さんは、お菓子が大好きでたくさんのお菓子を食べる。これが太る原因。これまで何度も「お菓子断ち」を実行してきた。2週間お菓子を断って2キロやせたこともあるが、習慣化できない。お菓子を食べることは人生のよろこびであることを受け入れたうえでプランを立てたほうがよい。

一方T谷さんは、当初のアクションプランに「夜22時以降は食べない」とあった。しかしこれも非現実的なプランだった。お酒が大好きで、夫とふたり、毎日の晩酌を楽しんでいるT谷さん。そして夫の帰宅は23時をすぎることが多い。「お酒が大好き」で「夫との晩酌が楽しい」ということをまず受容し、それを否定しないプランを立てることが必要だったのだ。

ならば、継続できないこともある

海保先生の「受容なくして変革なし！」のアドバイスにしたがって、続けられないと思うことも、同時に考えてみることにした。

おそらく、私が続けられないのは次のようなことだ。

・好きなもの（ごはん、肉、揚げ物など）を完全に抜くこと
・おやつ（甘いものやスナック菓子など）を完全に抜くこと
・食べ物を捨てたり、残したりすること
・外食などの誘いを断ること

厳格なダイエットをしている人なら「生ぬるい！」と思うかもしれないが、一生続けることを前提にすれば、糖質（ごはんや麺、パンなど）の排除はまず無理だ。好きなものが「おかず＋ごはん」の組み合わせなのだから。

巷で流行りの糖質制限は自分にはできない。数週間なら続くかもしれないが、継続は不可能と思われる。

また、甘いものやスナック菓子の排除も難しい。減らすことはできても、完全に断つことはできない。

食べ物を残す、捨てるというのも私にはハードルが高い。食べられるものを廃棄することへの罪悪感や「もったいない！」という気持ちは、なかなか否定することができない。

そして外食は人生の楽しみのひとつなので、これもやめるのは無理だ。
これらはダイエットをする意味ではよろしくない習慣ではあるが、できないものはできないと考え、できるかぎり改善の方向で考えたい。

読者の方がこのページまでにやるべきこと◎アクションプランを立てる

・以下をノートなどに書き出し、じっくり読む、何度も読む

□アクションプランをなるべく多く出してみる

続けられるダイエットは人それぞれ違うため、自分に合った方法を、自分の頭で考える作業が必要。まずは思いつくすべてのプランをリストアップしてみよう。生活のなかで「摂取カロリーを減らす」「消費カロリーを増やす」方法であればなんでもOK！

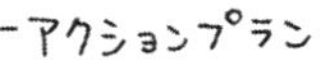

毎日
・体重体脂肪率をはかる
・カロリー計算して1日1600〜1800kcal以内
・エクササイズDVD30分

□同時に、自分が続けにくいことを考えて書き出してみる

無理！　やりたくない！　ということは、この時点で削っておく。やってみないとわからないことは、行動に移してみればよい。

□プランの取捨選択

第2章の現状分析や自分自身の性格の分析をもとに、無理なく取り入れられそうなことを選択する（いくつでもよいがあんまり多いと習慣にできない）。

□第三者チェック

リストアップしたら、家族や友人に見てもらい、「これ無理じゃない？」「これならできそうじゃない？」などと突っ込みを入れてもらう。

現状分析をもとに
目標とアクションプランを立ててみる
漠然と「やせたい」って思っているより
なぜやせたいのか
やせてどうなりたいのか
——を考えるといいそうです
つまり
ダイエットの
目的
と
なりたいイメージ
ですね
書きだしましたよ
T谷——ダイエットの目的
・スカートを買うときに
ウエストがゴムかどうか
チェックしないようになりたい
お客さま!
ビローン
これはゴムかな?
・体を軽くして
元気になりたい
スカート
・タイトスカートを
はきたい
座ると
蜂のウエストに
なる
・朝、ゴム以外のスカートを
気楽に選びたい
・シャツをスカートに「イン」したい
スカート
・写真に写る顔がパンパンにならないようにしたい

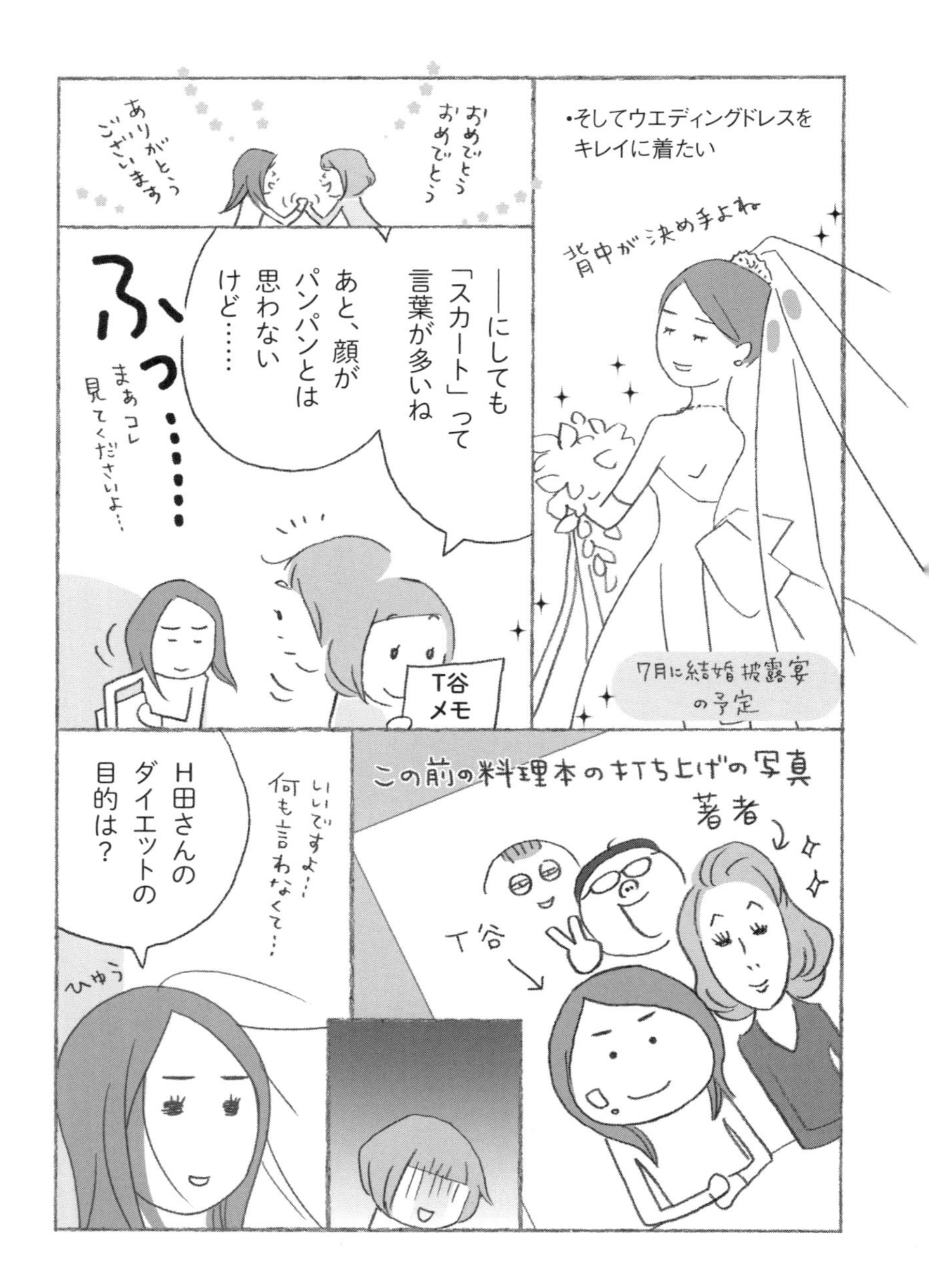

•そしてウエディングドレスをキレイに着たい
背中が決め手よね
7月に結婚披露宴の予定
おめでとうおめでとう
ありがとうございます
——にしても「スカート」って言葉が多いね
あと、顔がパンパンとは思わないけど……
ふっ……
まあコレ見てくださいよ…
T谷メモ
この前の料理本の打ち上げの写真
著者
T谷
H田さんのダイエットの目的は？
いいですよ…何も言わなくて…
ひゅう

H田――ダイエットの目的
・下半身のサイズダウンをはかり、シンプルな洋服をさらりと着たい
白いシャツ
チノパン
前に見たステキな人が目に焼きついてて…そうなりたい！
いまは下半身デブを隠すためにスカートやワンピが多い
日光アレルギーだからズボンがいいの
ピシッ
・姿勢よく老けて見えない50代になりたい
・脚の付け根から歩けるように筋力をつけたい
そして「健康になる」ということをテーマにしたい！
風ニモマケズ
雨ニモマケズ
けんじですね あの人 日に4合玄米食べてますよ

そして
どう考えても
お菓子爆食は
よくない！
ああ！
おいしい！
ショートニング、
トランス脂肪酸を多く含む
ものを毎日ガッツリ！
罪の意識もある
お菓子
お菓子
お菓子
お菓子
ふかし芋や
無添加のケーキで
代用できないものか
無添加
ふかし芋
無添加
なりたい
イメージは
シンプルな服で
颯爽と
している人
向い風
受けとめ
ましてよ！
いまは体が重いし、
歩くのも
のろいし
やせたら
おしゃれがもっと
楽しくなるような
気がするんです
おしりで歩いてない
うん
うん

そして次は数値目標

T谷	3月28日現在	H田
1日の摂取カロリー *986kcal以内		1日の摂取カロリー 1700kcal以内

T谷

4月26日までに
体重51kg ウエスト68cm

5月26日までに
体重50kg ウエスト66cm

6月26日までに
体重49kg ウエスト64cm

7月26日までに
体重48kg ウエスト62cm

H田

5月31日までに
体重50kg台に

7月31日までに
体重48kg台
ひざ上34cm
太もも48cm
ヒップ90cm

9月30日までにヒップ88cm

お気に入りの赤いスカートを
スルリとはけるようになる!

ワクワクするー
おお!楽しくなってきた!

この時点では、はやくやせたい気持ち満々のふたりであった

*「なぜ986キロカロリーなのか、この数字の根拠をまったく思い出せません……」(T谷)

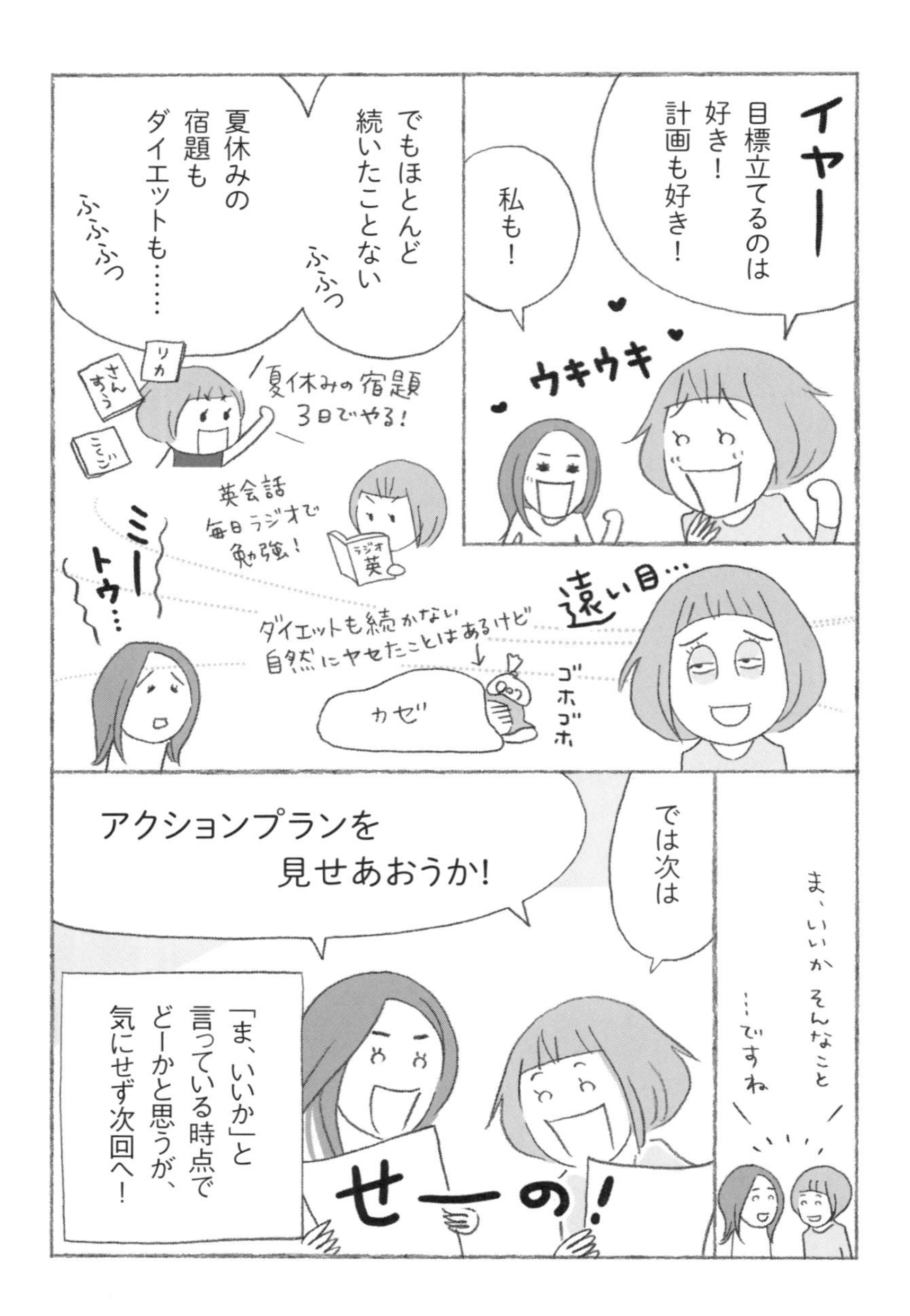

イヤー
目標立てるのは好き！計画も好き！
私も！
ウキウキ
でもほとんど続いたことない　ふふっ
夏休みの宿題もダイエットも……　ふふふっ
夏休みの宿題3日でやる！
さんすう
リカ
こくご
英会話毎日ラジオで勉強！
ラジオ英
ミートゥ…
遠い目…
ダイエットも続かないけど自然にヤセたことはあるけど
カゼ
ゴホゴホ
ま、いいか　そんなこと
…ですね
では次は
アクションプランを見せあおうか！
「ま、いいか」と言っている時点でどーかと思うが、気にせず次回へ！
せーの！

第４章

やっと「ダイエット」がはじめられる

はじめる前の3ステップが重要

海保先生のアドバイスにしたがって、これまで、

・現状分析をする
・目標を立てる
・アクションプランをつくる

というステップを踏んできた。実は長いダイエット人生のなかで、このようなステップを踏んだことは一度もなかった。

おろかにも「誰か」が成功したという方法を安直に行い、再現しようとしていたのだ。その「誰か」と自分とは、体型も生活習慣も食習慣も違うのに。同じことをしても、同じ結果になるはずがないのに。そもそも、続くはずがないのに……。

重要なプロセスだと感じたのは、現状分析の部分。

私が太った原因は、すべて私のなかにある。

それをあらためて振り返り、掘り起こし、明るみに出したことで、改善すべき点も見えてきた。自分の生活のなかで続くこと、続かないことの境界線も、おぼろげながらわかってきたような気がする。

今回のダイエットは、頭で考えて、理解してから行動することが重要なのだ。これまでの失敗ダイエットとは何かが違う！

そう考えたら、今度こそやせられるような気がしてきたのだ（この時点でまだ1キロもやせてはいないが）。

いざ実行、そしてするりと1キロやせる

❶毎朝体重をはかり、記録
❷毎朝体脂肪率をはかり、記録
❸カロリー計算をする

❹1日1600～1800キロカロリー摂取を目標にする
❺ごはんは1食につき120グラム（202キロカロリー）
❻おやつは1日200キロカロリーまで
❼20回以上噛む
❽おなかがすいたら歯磨きをして空腹をまぎらわす
❾間食をしそうになったらスクワット10回
❿アロマをたいて食欲をまぎらわす
⓫毎晩ウォーキングをする（30分程度）
⓬エクササイズDVDで運動（30分）

さっそく❶から⓬までのアクションプランを実行してみた。

食事の量を減らすのはやはり多少きつい。というか、違和感がある。

しかし1週間ほど続けていくうちに、少しは慣れた気がする。1日の摂取カロリーはだいたい守っているので、多少の間食（チョコ菓子など）はOKとした。

2～3週間たつと、食事量の違和感はだんだん薄れていった。最初は「ああ足りない、もっと食べたい」だったのが、「もっと食べたいけど、食べなくても大丈夫（かもしれない）」くらいに変化したのだ。
そんな感じでゆるゆる続けて、肝心の体重のほうはといえば……。
最初の2週間で、するりと1キロ落ちた。

習慣化のために、最初の苦しみを乗り越える

そういえば、ダイエットをはじめてつらいことはある？

ありますよ！　大好きなごはんを1食120グラムにするって決めたんですけど、いざやってみたら、やっぱり物足りなくて。

ごはん120グラムがやせるために適切な量なら、とりあえず続けてごらんよ。これまでと違う習慣というのは、変化でしょう。何事も、変化するときには**多少の苦しみをともなうよ。**

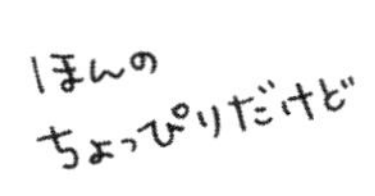

ふむ。最初の苦しみは乗り越えなくちゃいけないんですね。

習慣を変える。口でいうのは簡単だが、行うのは難しい。

私の場合、特にきついのが、ごはんをセーブすることだった。家にキッチンスケールがある人は、ぜひごはん１２０グラムをはかってみてほしい。ごはん１２０グラムというのは本当にちょっぴりで、ひと口かふた口くらいで食べられそう。これで２０２キロカロリーもあるのだから、本当に憎い、でも愛しい。

海保先生によれば、習慣を大きく変える場合、最初は意識的にがんばることが必要だそうだ。「変化には痛みをともなう」というではないか。ごはんの量を減らすのは、私にとってかなりドラスティックな改革なのだ。

おなかがすいたとき用の作戦

食事を減らせばおなかが減る。

当たり前だ。特にいまは、体重を落とすために消費カロリーより摂取カロリーを少なくしているのだから。体が「もっと食べたい、もっと、もっと〜！」と訴えかけてくる。かといって、この食べたい衝動と闘い続けていては息切れしてしまう。**「我慢しないで知恵をだす」**と先生はアドバイスしてくれた。

そこで「おなかがすいたとき用の作戦」を考えることにした。

どうしても何か食べたいときは、カロリーオーバーしても、低カロリーのものなら食べてよいことにした。これまでの失敗ダイエットの経験から、この作戦にはいくつかの条件がある。

❶好きなものであること
❷100キロカロリー程度であること
❸体によさそうなものであること（せめて、お菓子ではないこと）
❹ある程度食べごたえがあること
❺準備するのが簡単なこと

まず❶。ダイエットフード的なものは、あまりおいしくないものが多い。おいしくないものを食べると、心が満足しない。口に入れるものは、好きなものでなければならない。

次に❷。200キロカロリー、300キロカロリーとなると1日の摂取カロリーに対する比率が大きすぎる。100キロカロリー程度であれば許容範囲だろう。

そして❸、❹。100キロカロリーといっても、クッキー1~2枚ではすぐにおなかがすいてしまうし、体にもよくない。体によさそうなもので、ある程度食欲を満たしてくれるものが望ましい。

最後に❺。❶~❹を満たしていても、材料が高価だったりつくるのに時間がかかるものは長続きしない。たとえばサラダは材料を洗ったり切ったりが手間で、ずぼらには向かない。3分以内で簡単につくれるものにする。

私が考案したのは、次のふたつだ。

・**簡単スープごはん**

もずくスープなど、好きなフリーズドライのスープ(10~20キロカロリー程度)に、小分けして冷凍しておいたごはん50グラム(84キロカロリー)を入れ、レンジでチン。ごはんのかわりに卵(77キロカロリー)を落としてもよい。

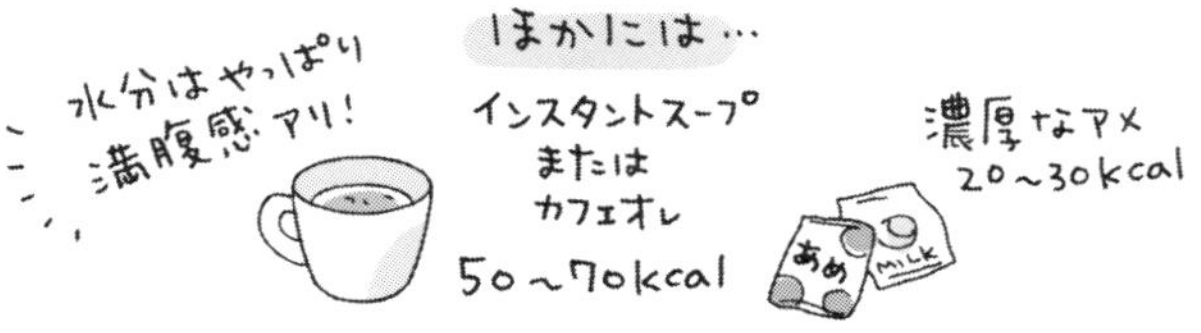

・ヨーグルトチーズデザート

無糖のヨーグルト少々（30グラム・20キロカロリー）、キリクリームチーズ1個（18グラム・61キロカロリー）、メープルシロップ小さじ1杯（13キロカロリー）を器に入れてクリームチーズがやわらかくなるまでレンジでチン。混ぜながらコーヒーとともに食べる。

どちらも100キロカロリー程度。特にスープごはんはごはんを卵に替えれば低糖質でダイエット向き。水分が多めでかなり満足するのでおすすめだ。しょっぱいものが食べたいときは前者、甘いものが食べたいときは後者。飽きたらアレンジしたり、❶〜❺を満たすほかの案を考えようと思う。

ダイエットは「書くこと」が大事

自分で考えたアクションプラン、続いてる？

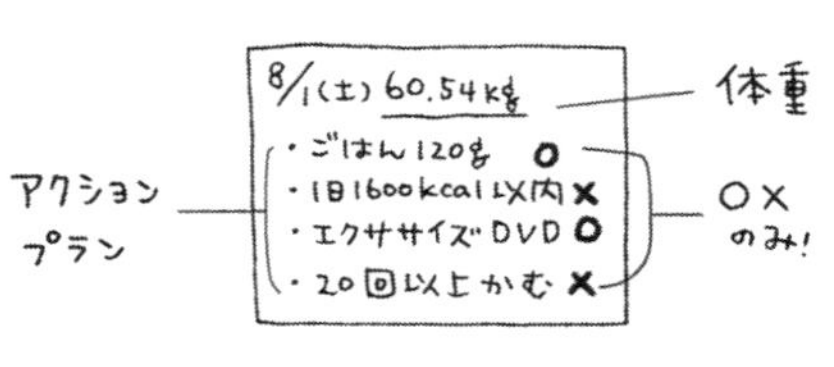

ええ。続くものもあったり、続かないものもあったり……。

できたかできなかったかのチェックだけでいいから、簡単にメモをつけて記録をしておいたほうがいいよ。

何か効果があるんですか？

書くことは、思考や認識を外化することなんだよ。外化によって「できたか、できなかったか」という現実をはっきりと把握することができる。そして、自己モニタリングといって、自分の傾向を客観的に見ることができるんだよ。

たしかに、記録することで自分の行動結果も整理できますね。そしてなぜできたか、できないかの分析のようなものもできると……。

そう。さらに「次はかならずやろう」という未来への目標意識をもつこともできるからね。

ダイエットで書くことが大事だったなんて！

自分の行動を正しく認識することは、実は難しい。「できた、できなかった」という客観的事実ですら、案外印象でとらえてしまうものである。だから、かならず毎日「○×」をつける。そしてそれを見ることで、「ああ、がんばったな」とか「続いているな」という自分自身のアクションへの評価が正しくなるのだ。

単純に○が連なると「続いている」とうれしい自己肯定感にもつながるので、○×記録はかならず実行していこう！

読者の方がダイエット中にやるべきこと◎記録をつける

□○×日誌をつける

アクションプランができたかできなかったか。ただそれだけでよいので、毎日記録する。体重も記録する。記録は手帳やカレンダー、スマホのアプリなど続けやすく見直しやすいものならどんなものでもよい。アクションを続けることよりも、記録することが大事だと心得て。

ダイエットの「ＰＤＣＡサイクル」をまわせ！

そういえば、ビジネス書でよく出てくる「ＰＤＣＡサイクル」って知ってる？

あ、それなら知ってますよ！　プラン（計画）、ドゥ（実行）、チェック（確認）、アクト（改善）を続けていくっていうあれですよね。

このＰＤＣＡサイクルを、ダイエットにも活用するといいと思うよ。

えーっと、まずはダイエットのために何をするかというプランを立てて（P）、それを実行してみて（D）、できたかどうか確認して（C）、改善していく（A）っていう感じなのかな。

うん。PDCAサイクルは仕事を円滑に進めるための有名な手法だけど、実際にできている人は少ないいんだよ。つまり、多くの人はプラン（P）と実行（D）まではできるけど、チェック（C）と改善（A）がなかなかできていない。これはダイエットにも当てはまると思うよ。つまり、PとDで終わってしまうのが、ダイエット挫折の原因なんだろうね。

あ、なんとなくわかります！　一大決心してはじめたダイエットが、尻切れトンボに終わることは多い。

そう。続かないのはプランに無理があったんだよね。そのプランは続かないし無理だとわかったら、そこで思考や行動をストップしないで、ならば何ができるのかを考えることが重要。つまり、C（チェック）とA（改善）がで

PDCAをまわせ!

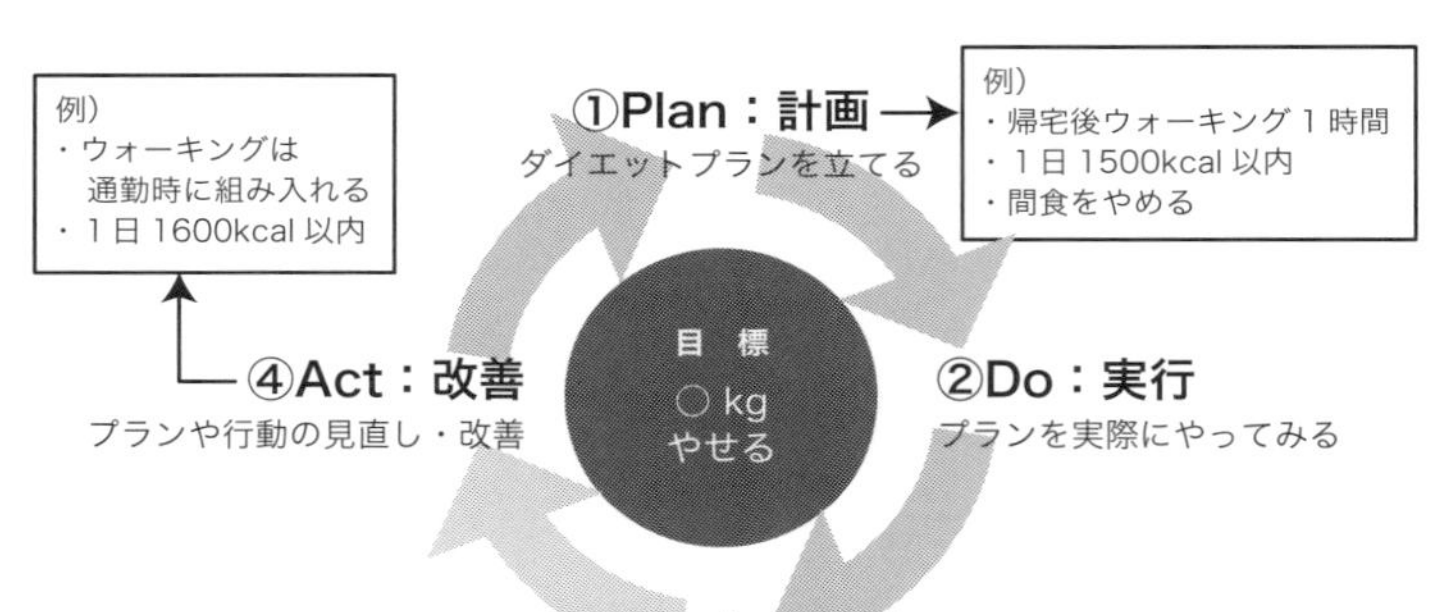

例）
・ウォーキング→できなかった
・1500kcal以内→できなかった
・間食をやめる→できた
結果：1kg減

きるかどうかに、ダイエットの成否がかかっているといってもいいと思うよ。

そうか。たしかに、挫折するときってP↓Dだけで止まってたかも……。振り返って、プランを練り直すっていうのが欠けていた……。

そうそう。それに、サイクルっていうくらいだから、まわし続けることが大切だよ。ゆるくてもいいから、まわし続ける。**大きくゆっくりまわす、という感覚で**。目標もそのうち変化してくるだろうし、小さな変化を歓迎して、ゆるくまわし続ける意識が大切。

ダイエットでは減量期と維持期と考えて、それに合った習慣を身につけていけばいいのか……。

物事には何事にも段階があるからね。それを考えながらプランを決めていくのも大事かもしれないよね。

とにかく、サイクルをまわすことを止めないってことが大事なんですね。

続くことと続かないことの違い

ダイエット開始から約1カ月後の「アクションプラン」の結果を紹介しよう。

❶毎朝体重をはかり、記録→◯

以前からの習慣のため、継続できた。

❷毎朝体脂肪率をはかり、記録→×

体重と体脂肪率、ふたつの数字をメモするまで覚えていられず、できなかった。

❸カロリー計算をする→◯

カロリー計算に慣れているのと、ゲーム感覚でできるため、継続できた。

❹1日1600~1800キロカロリー摂取を目標にする→△

オーバーする日も多いが、クリアできる日もある。

❺ごはんは1食につき120グラム（202キロカロリー）→◯

カレーと炊き込みごはんの日以外はできた。

❻おやつは1日200キロカロリーまで→△

オーバーする日も多いが、クリアできる日もある。

❼20回以上噛む→×

20回以上噛むと、食事をまったく楽しめない。

❽おなかがすいたら歯磨きをして空腹をまぎらわす→×

めんどうだし、食欲が勝ってしまう。

❾間食をしそうになったらスクワット10回↓×

実は一度もできなかった。

❿アロマをたいて食欲をまぎらわす↓×

自分にとってはとてつもなくめんどうくさいので、数回で挫折。

⓫毎晩ウォーキングをする（30分程度）↓×

着替えるのがめんどうだし、天気によって気分が左右されてしまった。

⓬エクササイズDVDで運動（30分）↓○

家で開始時間を気にせずできるため、継続できた。

われながら、ひどい。

12個の決意のうち、まともに継続できたのは、❶体重計測、❷カロリー計算、❸ごはんは1食につき120グラム、❹エクササイズDVDの4つだけ。しかもそのうち❶❹のふたつはもともと習慣だったものだ（しかも体重減にはあまり効果がないことが実証されている）。

意外なのが当初「これなら簡単だろう」と考えていた、❽おなかがすいたら歯磨き、❾間食をしそうになったらスクワットなどの項目がまったくできなかった

こと。そして、もっともめんどうくさそうなカロリー計算は続いているのだ。

何が続くか何が続かないかは、その人の性格や環境によって違う。

人によっては「おなかがすいたら歯磨き」とか、「通勤時に1駅分歩く」といった習慣が有効な場合もある。海保先生がいっていたように、あくまでも、自分で考え、自分で実際に試しながら、自分に合った習慣を見つけることが大切なのだ。

「アクションプラン」のトライ&エラーによって、自分には次のような傾向があることがわかった。

【山崎がわかったこと】

・食欲を代償行為によって置き換えようとするのは難しい
・食事が楽しくなくなるようなものは難しい
・数字であらわれるようなものが続きやすい

続いている❶体重計測、❷カロリー計算、❸ごはんは1食につき120グラム、❹エクササイズDVDは当然続行することにした。続く気配すらなかったものは、プランから削除。

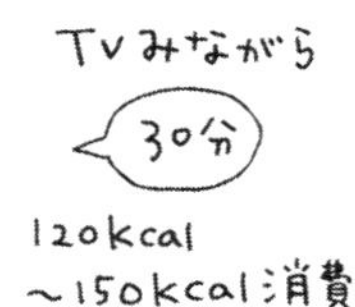

新たに「外出先で2、3駅分歩くウォーキング」を加えることにした。都心部に打ち合わせに出かけたときは、数駅分歩く。住宅街と違い、街中は店や建物など風景がめまぐるしく変わるので、歩いていても飽きないからだ。さらにステッパーを購入し、テレビを見ながら運動をすることをプランに盛り込んだ。

読者の方が開始から1カ月以内にやるべきこと◎PDCAを一度まわす

・以下をノートなどに書き出し、じっくり読む、何度も読む

□1カ月間の振り返り

自分でつくったアクションプランを4週間やってみて、続いたこと、続かないことをチェックする。それぞれなぜ続いたのか、なぜ続かなかったのかを考える。さらに結果につながったかどうかを考える。

□**新たなプランを考える**

振り返りをもとに新たなアクションプランを立ててみる。

おたがいの
アクション
プランを
せーの!
で見せあった!
T谷のアクションプラン
①22時以降は
食べない
あ
②400円以下の
お菓子を買わない
おしゃぶりコンブは
OK!
シブイ!
③よい香りのお茶を買って
空腹時に飲む
④ココナッツオイルを
コーヒーに入れて飲む
ココナッツオイル
⑤空腹になったら
プロテインを飲む
PRO
TEIN
⑥朝、駅から地上まで
エスカレーターの
横を歩く
夜駅から
ホームまでは階段
⑦加圧かピラティスに
通う
⑧蜂蜜をなめる

H田のアクションプラン

①海保先生が

最初は
頑張らなければ
いけないよ

といっていたので、最初の
1週間だけ「お菓子を食べない」
という計画にする

②ダイエットの目的は
「やせていたらシンプルな
服でも格好がつくから」
にいきついた

③午前中のお菓子は
150kcal以内！

④打ち合わせのときは
15分早く出てひと駅歩く

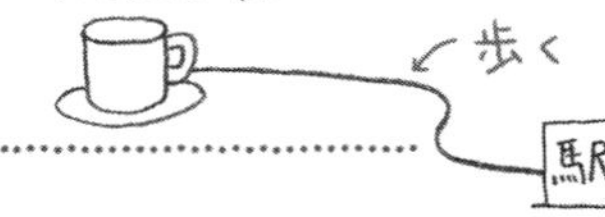

⑤毎日1700kcal以内！

会食時は食べたいだけ。
翌日、または前日とあわせて
3400kcalになるように調整

⑥ツインビルのヘルシー
ランチを週3回食べる

600kcal
ほど

⑦目標にしたいスタイルの人を
雑誌で探す

なるほど

T谷さんの「400円以下のお菓子を買わない」っていいですね！
絶妙な金額！
ちょいちょい買わなくなるしおいしいものを食べられるし
ハイー
ツインビルのヘルシーランチいいですよね
カロリーも書いてあるし日替わりですし
野菜もたっぷりとれるし五穀米だし満足度が高い！
近所の虎ノ門ツインビルディング
カレイのおろし煮セット
¥680

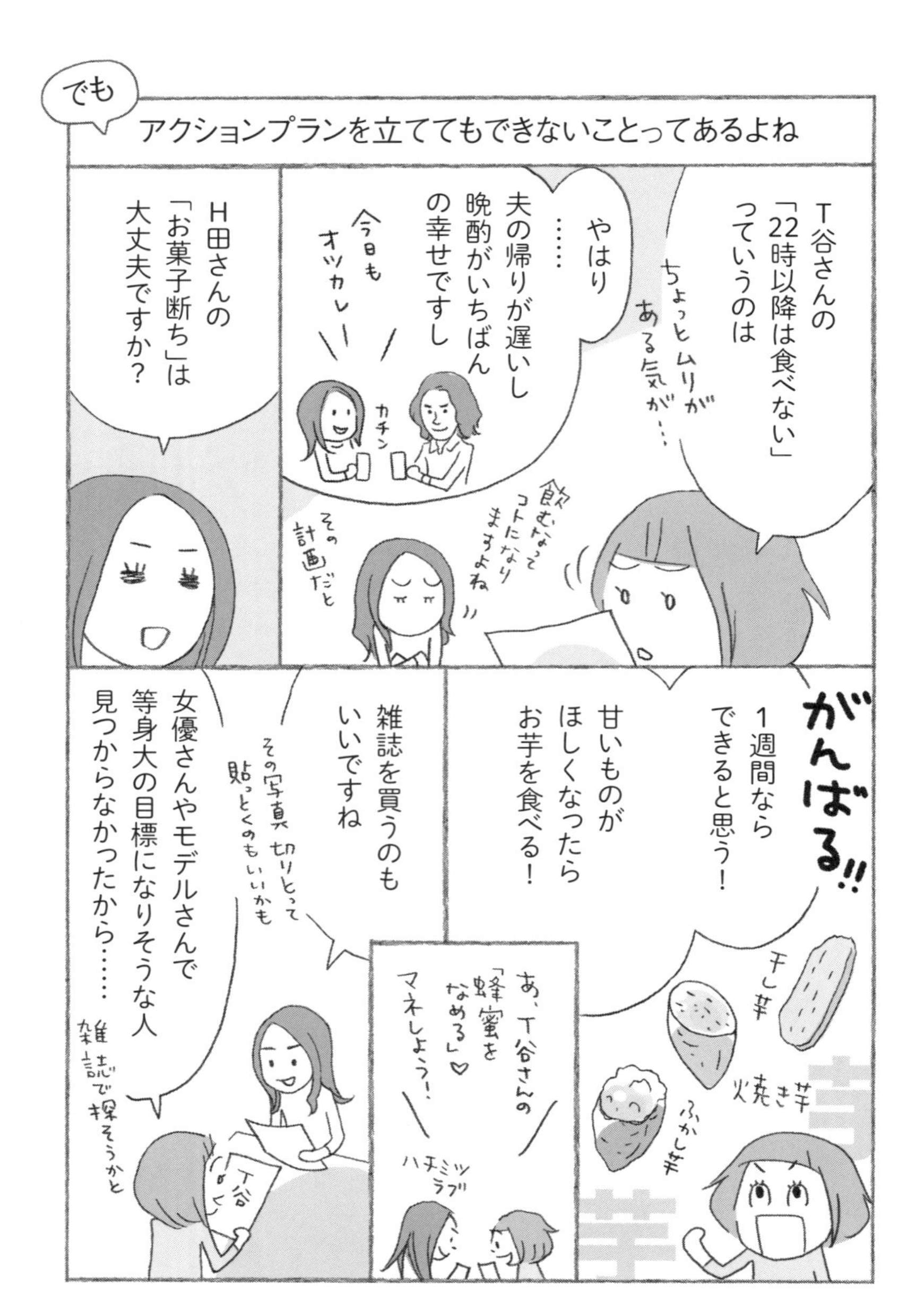

でも
アクションプランを立ててもできないことってあるよね
T谷さんの「22時以降は食べない」っていうのは
ちょっとムリがある気が…
飲むなってコトになりますよね
その計画だと
やはり……夫の帰りが遅いし晩酌がいちばんの幸せですし
今日もオツカレ
カチン
H田さんの「お菓子断ち」は大丈夫ですか？
がんばる!!
1週間ならできると思う！
甘いものがほしくなったらお芋を食べる！
干し芋
焼き芋
ふかし芋
芋
芋
あ、T谷さんの「蜂蜜をなめる」♡マネしよう！
ハチミツラブ
雑誌を買うのもいいですね
その写真切りとって貼っとくのもいいかも
女優さんやモデルさんで等身大の目標になりそうな人見つからなかったから……
雑誌で探そうかと
T谷

できることで調整してみたアクションプラン

T谷のアクションプラン

毎日986kcal

・最初の1週間は
食べたものを記録

・体重はお風呂上がりに
毎日記録

アプリで
便利!

空腹になったらプロテインも

・よい香りのお茶を
空腹時に飲む

・朝、駅から地上まで
エスカレーターの横を歩く
夜駅からホームまでは階段

・400円以下の
お菓子を買わない

・差し入れを食べるのは
気持ちをいただきたい
ときだけ

・加圧かピラティスを
はじめる

・最初の1週間は
お菓子を食べない

・「やせたら着たい服」を
決めて買う

高い

・週3日ツインビルの
ヘルシーランチを食べる

基本毎日
1700kcal以内

・会食時は食べたいだけ！
翌日または前日とあわせて
3400kcal

お菓子
問題

・午前中のお菓子は
150kcal以内

・蜂蜜を
なめる

・なるべく午前中に
打ち合わせを
入れてお菓子を
食べない

・400円以下の
お菓子を
食べない

・差し入れは気持ち
をいただきたいとき
以外食べない

・外での打ち合わせ
はひと駅歩く

歩数計の
数字を記録

・毎日
体重測定

・目標にしたいスタイルの
人を雑誌で見つける

よし！
では1カ月後に
お昼食べながら
報告しあい
ましょう！

楽しみ
ですね！

第5章

これがもっとも重要！振り返り、認知する

マイナス3・4キロの実感

【ダイエットの経過】①
2015年7月～2015年12月　順調にやせていく期その1
62・5キロ　↓　59・1キロ（開始から3・4キロ減）
［1日の摂取カロリー］約1600～1800キロカロリー

海保先生に出会い、ダイエットを開始。アクションプランをいろいろ試した結果、ほぼ毎日続いたのは次の4つだ。

・毎朝の体重記録
・カロリー計算して摂取カロリーを管理
・毎食のごはんの量120グラム（202キロカロリー）
・DVDエクササイズ（30分）

それまで2000キロカロリーオーバーだった1日の摂取カロリーを、200~400キロカロリーほど減らすことができた。結果、体重も減った。

とりあえず、60キロを切ったことにほっとした。見た目も体重も世間的にはまだまだ「太っている」域だが。もちろん人に「やせたね」といわれることもなかったが。

見た目の大きな変化はないが、やせた実感はあった。ボタンさえ届かなかったデニムをなんとかはけるようになり、パツンパツンだったカットソーにほんの少しすきまが感じられるようになった。

しかし、最終目標である52・5キロは、途方もなく遠かった。遠すぎて、一生たどりつけない夢であるような気がしていた。

自分の思考や行動を自分で認識すること

やあ。ダイエットの成果は出ている?

はい。なんとか決めたカロリーを守ってます。最近、ごはん120グラム生活にも慣れてきたような……。

そういえば、ちょっとやせたかもね。ぼくの気のせいかもしれないけれど。

気のせいじゃないですよ、3・4キロもやせたんですから。でもね先生、いま思えば、太り続けていたころ、いかにひどい食生活をしていたか、あらためてわかりました。

お、過去の自分を客観的にとらえているんだね。そういえば、「メタ認知」を高めることも、ダイエットに使えるんじゃないかなぁ。

メタ認知？　メタ？　えーっと、メタってどういう意味でしたっけ？

メタっていうのは「高次の」という意味があるけど、「**メタ認知**」は、**自分の思考や行動を自分で認識すること**をいうんだよ。

自分を自分で認識する……。

そう。自分の思考や行動を認知することで、自分をコントロールできるようになるんだよ。

自分をコントロール……。それ、たしかにダイエットに効果がありそう。だって、自分をコントロールできないからこそ、太ったわけですから。

何かをしたい（欲求がある）のに、しないようにする（行動を抑制する）ことで、満たされなかったという「欲求不満感情」が残りやすくなるんだよ。欲求不満が残ると、ドカ食い*や間食という行為につながりやすくなる。

たしかに食べたいものを食べずに我慢している状態って、欲求が満たされない状態なわけですからね。

＊ドカ食いとは
海保先生によると、ドカ食いはダイエットによるさまざまな抑制やストレスの蓄積を一時的に解除する方法のひとつ。ポジティブに考えれば、ドカ食いによって抑制を解除し、ストレスを発散してまた明日から頑張れる。ネガティブに考えれば、抑制、ストレスに負けたことになる。コントロール不全が自己有能感を低め、ネガティブスパイラルへ導くことも。

食べなかったことを欲求不満感情に転化しないようにすること。そのためには、自分の心を一段上からモニターして、コントロールする力、つまりメタ認知が重要になってくるわけだよ。

ああ！　単に「我慢した」「食べたいのに食べなかった」っていう次元のままでいれば、それは欲求不満だから、それを解消するような行動をとろうとするわけですよね。でも、高い次元で見てみればいいわけだ！

そうすると、欲求が行動に直結しなくなると思うよ。

たとえばおやつにラーメンが食べたくなって、欲求のまま「食べたい→いや、がまんがまん！」じゃなくて、「お昼はパスタだったから栄養バランスが悪いな、やめておこう」とか？

そうだね。メタ認知を仕事や勉強に活用する場合、「自分の得意分野は○○だから、○○を効率的に生かせる方法を考える」とか、「既存の方法ではなく、自分自身に合った新しい方法はないだろうかと考える」ということができるよね。

あ、それはダイエットにも生かせますね。「ストレスがたまって食べたくないものを食べようとしてる！　ほかのことをしてまぎらわそう」とか、「私はごはん好きだから、ごはんが進みすぎるおかずはやめよう」とか。

そうだね。メタ認知のメカニズムを知って、心がけるようにすると、自分をコントロールしやすくなると思うよ。

メタ認知をうまく使うためには、具体的にどうすればいいんだろう。何かコツってありますか？

そうだなぁ。頭のなかにホムンクルス、コビトさんのようなものを育てていくといいと思うよ。

コビトって?

自分のなかでコビトを育てるんだよ。そのコビトが自分を監視し、コントロールしてくれるようなイメージをもつことだね。

コビトを育てる？　どんな？

ジキルとハイドのような二重人格という意味じゃないからね。イメージは自由だけれど、コビトさんはメタ認知を実体化したようなものだと考えればいいよ。つまり、メタ認知（コビト）がダイエットのトレーナーになるというわけだよ。

なるほど。自分のなかのコビトさんが何か食べようとする私を止めるというわけか……。つまり、自分を俯瞰してみる、自分を客観視するというクセをつければいいのか。

たしかにダイエットって、監視してくれる人が誰もいない。客観的に見て指導してくれる人もいない。

無断欠勤したり、仕事をサボったりすれば、怒られる、迷惑をかける、職を失う……というわかりやすいペナルティがある。だから多くの人は毎日きちんと会社に行き、仕事をするのだろう。でも、いくら食べても、太っても、自己責任の範疇で人に迷惑はかからない。だからダイエットは挫折しやすいのだ。

ダイエット成功で大変身するCMで話題のジムは、パーソナルトレーナーがついて徹底的に管理してくれるという。そのため成功しやすいのだ。しかし費用のかかるパーソナルジムを一生続けるのは難しい。ならば、自分で自分のダイエットトレーナー（コビトさん）をつくればいいのだ！

コビト（メタ認知）の成長が、ダイエットを助ける

メタ認知、つまり自分のなかのコビトさんを強くすることが、ダイエットの助けになるだろうね。コビトさんの成長イコール、メタ認知の能力と精度が

上がるというわけだね。

能力の低いコビトじゃダメなんだ……。

そうだね。コビトさんの能力を上げるためには方法があるんだよ。次のふたつのことを意識してみるといいよ。

❶振り返り習慣をつける
❷知性を向上させる

ほう！　具体的には何をすれば？

❶については、ダイエット日記が効果的だよ。ほんのひと言、ふた言でいいから、手帳にでもメモしておく。内容は「我慢できずに○○を食べてしまった」とか、「昨日ウォーキングをしたら体重が減った」というようなことでもいいし、「目標まであと○キロ」「ウエストをもっと細くしたい」という目

コビトを強化する

①振り返り習慣をつける

・ひと言ダイエット日記
・寝る前のダイエット内省メモ

例）
事実を書く（今日は○kgだった）
反省を書く（女子会で食べ過ぎた）
できたことを書く（お菓子を我慢できた）
先の見通しを書く（今月中に−1kg！）

②知性を向上させる

・ダイエットの知識を磨く
・自分に問いかけるスキル

例）
カロリーの知識をつける（ごはん1杯約250kcal）
栄養の知識をつける（PFCバランスについて）
運動の知識をつける（有酸素運動と無酸素運動の違い）
自分の行動に思いを巡らせる（なぜ食べるのか、なぜあのとき食べてしまったのかなど）

コビト

標や願望でもいいだろうね。書くことで外化、つまり頭のなかを整理して外に出すことができるんだよ。これもメタ認知と似ているよね。書いたものを見て、自分の心をのぞきこむようなイメージだね。そして、これを定期的に内省、つまり見返して振り返ることが大切だよ。

アクションプランをチェックする○×日誌とは違うんですか？（81ページ参照）

○×日誌はできた・できなかったの「事実の記録」。それを見て「気がついたこと」を書くのがダイエット日記なんだ。振り返り、気づいたことを言葉にすることで、もう少し深い内省ができるようになるんだよ。

あ！　言葉にして書き出すことで、コビトさんが働きやすくなりそう！

そういうこと。

「昨日お菓子を食べすぎたのは、ストレスがたまっていたからかも」とか「体は欲してないのに、つい目で食べちゃったな」とか、そういった内省がしやすくなるんだ！

お、よくわかってきたね。そのほかにも「いま、自分はこれを食べるべきか」とか「なぜあのとき誘惑に負けたのか」というように、自分に問いかける習慣をつけることも有効だよ。

❷の知性化は、正しい食事や運動の知識を仕入れ、活用すること。そうすれば、コビトさんの能力がどんどん上がっていくわけだよ。

トレーナーであるコビトさんの成長が、ダイエット成功の確率を高める！先生のいうメタ認知が、わかってきたような気がします！

①の振り返り*について、実際にやってみた。

ダイエット中は「また本能に負けて食べてしまった……」「外食で選ぶメニュー間違えた……」、あるいは「よーし今日は減った。気分がいい！」といった日々の浮き沈みがある。それまでも、その都度頭のなかで内省していたつもりだが、これを簡単な言葉にして残すことで、それらを客観視できるようになったのだ。

振り返りで気づいたことがある。

私は外出先で小腹が減ると「ちょい食べ」をよくやっていた。立ち食いそば、ドーナツ、ハンバーガーショップのサイドメニュー、カフェでスイーツ……といった感じで、食事以外でちょこちょこと数百キロカロリーを摂取していたのだ。

あるときは打ち合わせ帰りにおなかがすき、駅で立ち食いそばを食べた。またあるときは、このくらいならいいだろうとハンバーガーショップでポテトとドリンクをオーダーした。もちろん食事ではなく、おやつとして……。

＊振り返り（ダイエット日記）の方法は、手帳、パソコンのカレンダー、スマホの日記アプリなどを試してみた。試した結果、寝るときもスマホを手元においているので、手書きよりもスマホの日記アプリが続けやすかった（ちなみに山崎が使ったのは「瞬間日記」という日記アプリ。ＳＮＳなどを利用しても）。

オラオラ
トドール
こんなんで300kcalもとっちゃうのかよ！やめなはれ！

これらを言葉・文字にして外化し、反省した結果、不思議なことに、以降は一度もやっていない。頭のなかで内省していただけのときは何度も繰り返していたのに、文字にすることで「よけいなものを食べてしまった自分」を客観視でき、さらに文字データとして残るため、繰り返さなくなるということに気づいた。また「1キロ減った、あと○キロ」といったように途中経過を書くことで、目標への距離が明確になった。

読者の方がダイエット中にやるべきこと◎振り返り・気づきを記す

□「○×日誌」を読んで内省メモを書き出す

事実を記録した「日誌」を読んで、気がついたことを書き出す。なぜ続かないのか、こういう方法だと続くかもしれない、など、思いついたことをどんどん書き出していく。

□書き出した日記をよく読む

書き出したものを読み返すと、書いた時点よりも深い内省ができる。「この方法はたぶん自分に合わないだろう」「これだったら効果的で続けられるかも」といった気づきを得て、さらにそれを書き出して読む。この繰り返しでメタ認知が高まり「コビト」が育つ。

知性化＝知識を活用するプロセス

先生、ダイエットに関する知性の向上が大事っておっしゃいましたよね。私ダイエットの知識には自信があるんです！　カロリーだっていつもチェックしてるし、栄養バランスにも気をつけているつもりなんですよ。

うん。山崎さんをはじめ、ダイエットの知識をたくさんもっている人って多いでしょう。でも、知識はもっているだけじゃダメなんだよ。それを生かさないとね。知識を生かしてはじめて「知性」になる。単に情報を仕入れるだけじゃなくて、それが自分に合っているか、納得できるかを判断することが大切だよ。それが知性化のプロセスの一端なんだよ。

はっ！　たしかに、これまでダイエットにくわしくてもやせられなかった……。

そう。「○○を食べない」とか「○キロ歩く」とか、ダイエットの方法ってたくさんあると思うけど、どうしてそれをするとやせるのかっていう理屈を納得していないとダメだよ。誰かがやっていることをそのままマネするだけじゃなくて、実行しながら自分で考えて、生きた知識や経験にすること。

なるほど！　たしかに誰かのマネだけじゃ「使える知識」にならないかも。

「これがよさそう」という方法をいろいろ試して、自分流に習慣づける。その過程で「これはおかしいな」とか、「これをするとこういう因果関係がある」といった仮説を立てられればさらにいいよ。

あ、そういえば私の場合、パンやお好み焼きとかの粉ものを食べると体重が増えるとか、焼肉を食べた次の日になぜか体重が減るとかっていう仮説がありますよ！

それが正しいかどうかはわからないけどねえ。自分で試したり、検証したりすることは大切だよ。それがダイエットを続けることのおもしろさや楽しさにつながっていけばいいんだろうけど。

私が考えるダイエットの「知性化」とは、自分に必要な摂取カロリーを知ること、そして何をどのくらい食べればよいのかを知ることだ。

海保先生のいう、知識の活用、仮説を立てる、検証するといったことも、「ノート」などに書き出して外化する」ことで身につく。

「書いて」「読んで（振り返って）」「考える」。

このプロセスがコビトさんを強くしていくのだ。

読者の方がダイエット中にやるべきこと◎知性化の作業

・以下をノートなどに書き出し、じっくり読む、何度も読む

□正しい知識や情報を仕入れる

自分の消費カロリー、摂取カロリー、よく食べるもののカロリーを知っておくとよい。運動に対する消費カロリーはMETs*を使ってある程度把握できる。

□自分で立てたアクションプランの効果をしっかり調べる

たとえば、ウォーキングをアクションプランに入れているなら、消費カロリーを知っておく。体重50キロの人が60分間ウォーキング（普通の速さ）をすれば、消費*カロリーは158キロカロリー。これを知らずに「歩いたから

*METs
安静状態を1としたとき、身体活動・身体運動がその何倍エネルギーを消費するかを表す数値。消費カロリーは1・05×METs×時間×体重（キロ）で算出。くわしくは国立健康・栄養研究所『身体活動のメッツ表』などで確認できる。

*ウォーキング（普通の速さ）は3METs。右の計算式で1・05×3METs×1（時間）×50（キロ）＝157・5キロカロリーとなる。何もしなくても消費する基礎代謝は1・05×1METs×1（時間）×50（キロ）＝52・5なので、ウォーキングによってよぶんに消費したのは105キロカロリー。

少しくらい食べてもいいだろう」と300キロカロリーのケーキを食べれば、やせるどころか太ってしまう。

□**アクションと結果の振り返りによって、自分なりの「法則」を見出す**

日記を読み返すことで、「残業すると翌朝体重が減っている」という自分なりの法則に気がついた人がいる。結果を振り返り、「自分だけの法則」を見出せたら、それこそが最強のダイエット法になる。

仲間の力を借りよ！

先生、理屈はわかっていても、心と行動がついていかないことってあるんですよね。

ふうん。

ふうんじゃなくて！　特に強い我慢や大きなストレスはなくても、なーんか気が乗らないとか、なかだるみっていうか。ダイエット倦怠期みたいな！

そういうときは、外からの刺激があるといいかもしれないよ。

外からの刺激？

そうだね。トレーナーのかわりといってはなんだけど、仲間をつくることはすごく重要だよ。

なるほど。仲間か……。

仕事やスポーツでもそうだけれど、いい仲間がいることは、継続の大きな助けになるよ。はげましあったり、お互いにアドバイスしあったりね。

たしかに。切磋琢磨ってやつですね。

そう。自分のダイエットを客観的に判断してもらったり、逆に相手を客観的に判断したりすることで、知性も磨ける。ダイエットについて話すだけでも、そのことが意志につながったりするんだよ。

コラムマンガで並行してダイエットをしているH田さんとT谷さん。彼女たちは、食べ物、運動、体重などを毎日メールで報告しあっている。いわく「相手とのキャッチボールがあるから、ダイエットが続いているような気がする」。

ダイエットは、ひとりでやっているとついサボりがちになる。しかし仲間から報告メールが届いたら、自分だけサボるわけにはいかないのだ。

また、海保先生のいう通り、やせたいならば、じゃんじゃん人とダイエットの話をすべきだと思う。会話のなかで、金言ともいえるものに出会うことがあるからだ。

編集者のH田さんと会話しているとき。

山「カロリー減らすのってさあ。もう、本当に大変で大変で……」

H「でも1日1700キロカロリーなら楽にできそうですよね。工夫すればい

いんですから！」

　そうか！　我慢じゃなくて工夫なんだ！　工夫と思えば苦じゃない！

　夫はよく食べるし、おいしいものが大好きだ。しかし、人生で太ったことがないという。太っていない夫の言葉で衝撃的だったのが、

「おなかがいっぱいなのにさらに食べるなんて、苦痛でしかないじゃないか」

というもの。

　これは私にとって、雷に打たれたような衝撃だった。

「ああ。太らない人って、満腹が苦痛なんだ……」

　これまで「食べすぎとは、幸福の延長線上にあるもの」。そう信じて疑わなかった。食べることはすなわち幸福であり、幸福感のゴールが満腹だったのだ。

　しかしこの言葉に出会ってから、私の考え方が変わった。

　たしかに、おなかがいっぱいになれば苦しい。苦しいのに「食べ放題だから」「賞味期限が切れそうだから」「もったいないから」などという理由で食べる自分のなんと醜いことか。

これらは、私の心に刺さった金言だった。

相手は何気なくいったひと言だろうが、そのなかに大切な気づきがあった。相手の言葉から、自分を客観的に眺めることができたのだ。

読者の方がダイエット中にやるべきこと◎仲間をつくる

□**ダイエット仲間をつくる**
ダイエットの目標やアクションを共有し、報告しあえる仲間をつくる。もしくはSNSでダイエットの経過をアップしコミュニケーションを広げる。

家族に経過を報告して、応援してもらうのでもいい。

□**友だちに自分のダイエットについてどんどん話してみる**
知識や情報を得られるし、客観的なアドバイスをもらうことで、メタ認知を高めるきっかけにもなる。

目標を孤立化させない

実はこの半年間、最初の3カ月で3キロほど減ってから、なかなか数字が動かなかった。動かないどころか、旅行に出かけて体重が増え、少し戻し、外食で体重が増え、少し戻し……が続いていた。

効果が出ないのでダイエット前の「ザ・やる気」が消え失せつつある。体重が増えれば「いままでの努力が水の泡……」と意気消沈し、そのまま食欲の波に流されてしまいそうになる。

ただ、これまでの経験からも、ここであきらめたら試合終了だということはわかっている。リバウンドなんてあっというま。ここで自暴自棄になったら、私は一生ダイエット成功なんて無理なのだ。

行き詰まり気味の私は、ふたたび海保先生に相談することにした。

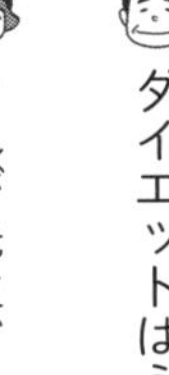
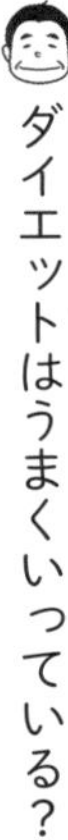

ダイエットはうまくいっている？

それが先生、そうでもないんですよ。最近一進一退で。旅行とか外食とかの非日常イベントがあると、どうしても我慢できなくて食べちゃって後悔して……の繰り返しなんですよね。

そんなの我慢する必要はないよ。いいじゃん、食べたって。

え？

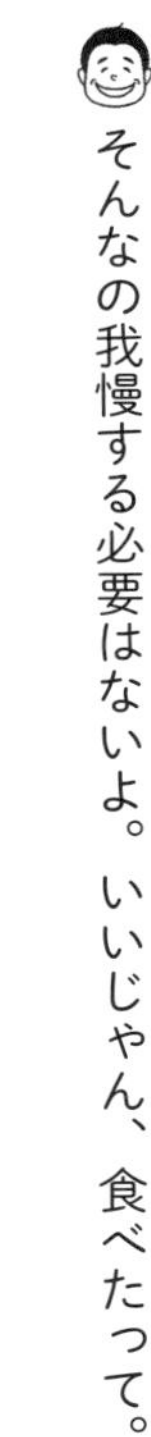

いまの山崎さんはねえ。ダイエットにとらわれすぎているんだよ。でもそんなの続かないでしょう。一生ダイエットのことだけ考えて生きていくの？

これまでの人生でもそこそこ考えてはいましたけどね。それでもやせられなかったけど。でも、たしかに一生ダイエットのことばかり考えて生きていくのはいやだし、無理だろうなぁ。

永久キープするダイエットって長期戦でしょう。**長期的な目標を達成するためには、「目標を孤立化」させないことが大切なんだよ。**

目標を孤立化？　つまり、目標をひとりぼっちにさせない？

ちょっと違うけどだいたいそんな感じ。
生きていくうえで、誰だっていくつかの目標ややりたいことをもっているよね。仕事で成功したいとか、友人や家族と楽しい時間をすごしたいとか、健康でいたいとか、趣味に没頭したいとか。

そうですね。私はやせたいのはもちろん、仕事もしないといけないし、たまには旅行もしたい。好きな服も着たいし、お金も貯めたいし……、あ、あと宝くじに当たりたい！

宝くじはちょっと違うけどね。誰しも生きていくうえでいろいろな目標があって、ダイエットはそのうちのひとつだと考えることが大切なんだよ。

なるほど。ダイエットはあくまでも、「生活のなかのいろんな目標のなかのひとつ」と考えるってことですか？

そう。だから仕事が忙しいときはひとまずそちらを優先して、ダイエットのことは忘れる。旅行のときは楽しむことを優先して、その土地のおいしいものを堪能すればいい。仕事や旅行が一段落したら、またダイエットに取り組めばいいんだから。一時的に体重は増えるかもしれないけど、そうやって気持ちにメリハリをつけたほうが続くと思うよ。

じゃあ旅行などの非日常では、罪悪感なしに食べたほうがいいってことか！

ハメをはずして食べすぎるのはどうかと思うけどね。あとね、それぞれの目標っていうのはリンクしていることが多いんだよ。山崎さんの場合、ダイエットしてスタイルがよくなる、仕事をしてお金を稼いで服を買う、ダイエットしたから好きな服が似合うようになる、その服を着て旅行に行くとかさ。

そうです！　たしかにその通り！　それ全部大事！

つまり、山崎さんがもっている複数の目標は、矛盾していないってことだよね。矛盾しない目標構造であれば、複数の目標が常に連動していることになるでしょう。たまにおいしいスイーツを食べて仕事がはかどったなら、それは目標が矛盾していないんだよ。ダイエットをメイン目標に考えて、常に空腹と闘ってるなんていう状態は、ほかの目標に悪影響をおよぼすからね。

あ、たしかに。なりたい自分って、いろいろな目標が連動した結果であって、ただやせていればいいってものじゃありませんよね。

そう。「目標を孤立化させない」というのは、ときにはAという目標を優先したり、Bという目標を優先したりしてもいいってこと。長い人生、仕事に一生懸命なときもあれば、恋愛に一生懸命なときもある。でも、だからといってほかの目標をいっさい無視したら、生活が成り立たないよね。

目標を孤立化させない

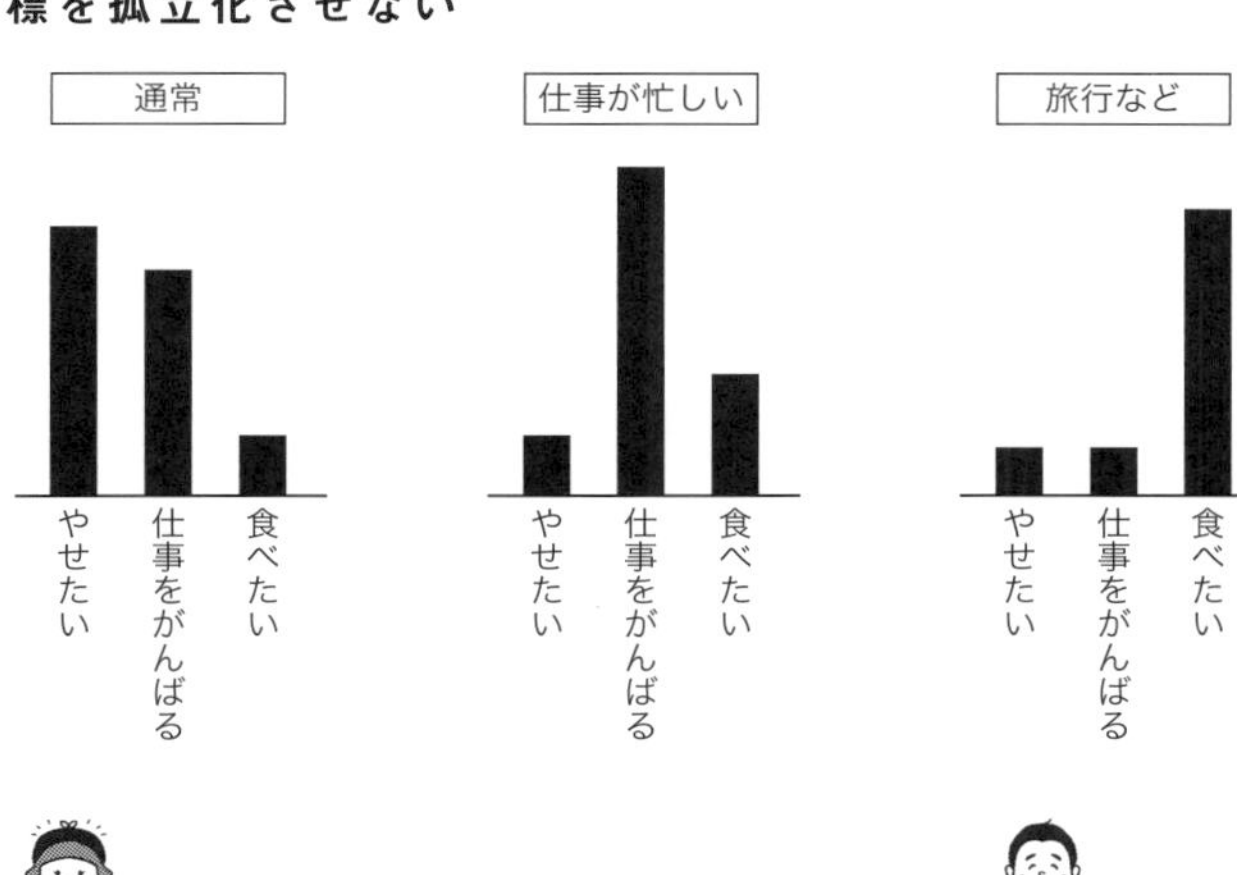

ダイエットに成功しても、仕事をせずにお金がなければ洋服も買えない！

そうそう。ダイエットがうまくいかなくても、ほかのことができていればいいっていう気持ちでいいんだよ。目標構造が矛盾していなければ、長期的には収支は合うはずだから。あと、ケガをしたり、病気になったり、失恋したり、失業したりというピンチのとき。そういうときもダイエットを忘れていいと思うよ。また立ち直ったときに続ければいいいんだよ。

なるほど！

本来目標や目的は孤立しやすいものなんだよ。孤立させればさせるほどパワーは出てくる。「明日までにどうしてもこの仕事を片づけなきゃならない」ってときは火事場の馬鹿力のようなものが出て、一心不乱に取り組めるよね。でも、ダイエットは長期戦だからね。ほかの目標と連動させて生活のなかに溶けこませることが大切だよ。

永久キープのダイエットは、短期決戦じゃダメってことですね。

うん。それじゃ続かないからね。いかにほかの目標と整合性をはかって、連動させていくかがポイントかもしれないね。

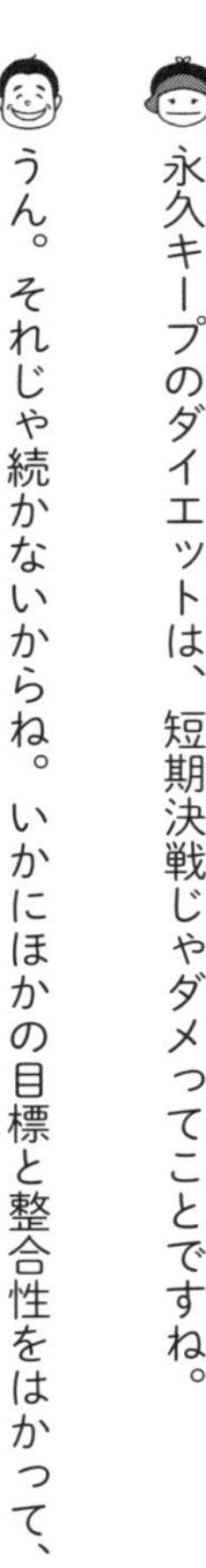

ふう。なんだか気がラクになりましたよ。

ならよかった。でも、おいしいものを食べたいっていう目標ばかりを優先していると、太っちゃうから気をつけてね。

たしかに、さまざまな目標は連動している。

たとえば健康とダイエットもそうだ。いまのところ健康診断の結果に問題はないが、太ったままでいればさまざまな病気につながるだろう。病気になったらおいしいものも食べられないし、旅行や遊びにも出かけられない。

【山崎の目標構造】

私の目標（というか願望）は、

- **10キロやせたい**
- **好きな服を着たい**
- **いまの仕事をできるかぎり続けたい**
- **もっとたくさん稼ぎたい**
- **旅行に行きたい**
- **たまにはおいしいものも食べたい**

すべての目標が矛盾しないライフスタイルは、

・ふだんの日は、食事量をコントロールして運動をする
・仕事が忙しいときは、ダイエットは後まわしにして仕事に集中する
・旅行や外食などの非日常時は、楽しむことを優先する

これを書き出してみて、気づいたことがある。私に足りなかったのは「メリハリ」だった。目標構造は大きく矛盾していないはずなのに、優先順位がきちんと切り替わっていなかったのだ。

旅行に行って楽しむのはいいけれど、翌日からは切り替える。これができていなかったのだ。

「いまはどの目標を優先すべきか」を確認していかないと、目標があいまいなまま日々をすごすことになってしまう。旅行や外食のあと、仕事が一段落したあとは、翌日からカロリーを調整する。これを徹底することにした。

読者の方がダイエット中にやるべきこと◎矛盾のない目標構造を考える

・以下をノートなどに書き出し、じっくり読む、何度も読む

□ダイエット以外の目標を考えてみる

「やせる」という目標以外に、大切にしたいことや達成したいことを書き出してみる。

□目標の矛盾をなくす

ダイエット以外の目標とダイエット、そのすべてを達成するためのライフスタイルを考えてみる。「やせたい＋おいしいものが食べたい」のは一見矛盾するが、「やせてきれいになって、おしゃれなレストランでデートする」を目指すなら、同じ目標構造だといえる。

□**その目標とダイエットを矛盾なく「生活習慣」に落とし込む**

たとえば「年収アップ」なら「毎日ウォーキングをしながら企画のアイディアを練る」「毎日1駅分歩いて、営業先に顔を出す」、「肌をきれいにしたい」なら「たくさん汗をかいて新陳代謝を促す」など。

1年間で7キロやせた

【ダイエットの経過】②

2016年1月~2016年6月　順調にやせていく期その2

59・1キロ　→　55・5キロ（マイナス3・6キロ、開始から7キロ減）

［1日の摂取カロリー］約1600~1700キロカロリー

【続けているアクション】

・毎朝の体重記録

朝食兼昼食。お弁当風ワンプレートで400キロカロリー弱。

・毎食のごはんの量120グラム（202キロカロリー）
・カロリー計算（1日1600〜1700キロカロリーキープ）
・DVDエクササイズ（30分）
・ステッパー（週に2〜3回、30分）
・外出時のついでウォーキング

アクションプランをさらに半年続けた結果、体重は3・6キロ減り、スタート時から7キロやせていた。

習慣になった食事はだいたい次のような感じである。

・10時……朝食兼昼食
夫の弁当と一緒につくっておいたワンプレートごはん。ごはん120グラム、卵焼き1切れ、おかず数品。
→計約400キロカロリー

・14時〜15時……軽食

トースト1枚＋バター・つぶあん、コーヒー、ヨーグルトなど。

↓計約400キロカロリー

・19時……夕食

ごはん120グラム、おかず（400〜500キロカロリー程度）。

↓計約650キロカロリー

・間食

チョコ菓子、あめなど。200キロカロリー以内（夕食のおかず内容により調整）。

↓合計約1650キロカロリー

ごはん120グラム生活にも、すっかり慣れてきた。

1年をすぎたころから、1600〜1800キロカロリーと幅をもたせていた摂取カロリーの目安を1600〜1700キロカロリーへと、上限をほんの少し落としてみた。

本当に、本当に不思議なのだが、食事に関してはまったく苦しくなかった。

私の場合、55キロ前後になると、それほど見苦しくない小太りになる。鏡で自分を見たときも、それほど悪くないのではないかと思えるくらいにはなっていた。

2000キロカロリーから1500キロカロリーとか、いきなり大きく減らしたら続かなかったのかもしれないが、200~300キロカロリー程度減らすなら、まったく問題なく続けられたのだ（正直、最初はちょっとだけ頑張ったが）。

これが習慣化というものなのか。習慣ってすごい、本当に。

海保先生の教え通り、外食や旅行では普通に食べるし、多少のおやつも食べていたので、食生活のストレスはほぼゼロといってよかった。

さらに余裕があるときはDVDエクササイズのほか、ステッパー30分も日課に取り入れた。

体重はゆっくりではあるが減っていき、なんと55キロ台へ突入した。最重量期よりも7キロ以上減ったので、「あれ、ちょっとやせたね」といわれることも増えてきた。

カロリー計算の鬼

現時点で私の体重が7キロ落ちているのは、アクションプランの「カロリー計

算」によるところが大きい。1日たった100キロカロリーでも、摂取カロリーを落とせば、いつかかならず体重は減る。これが万年ダイエッターを続けてきた私の信条なのだ。

カロリー計算のポイントは、「重さ」を意識すること。ごはん1杯といっても、超小盛り（100グラム・168キロカロリー）としっかり普通盛り（180グラム302キロカロリー）では倍近く違う。

カロリー計算はめんどうくさいが、

- **よく食べるものは毎回量を決めてカロリーを把握する**
- **よくつくる料理は、レシピを決めてカロリー計算しておく**
- **カロリー計算アプリやウェブサービスを利用する**

といったことで、かなりラクになる。摂取カロリーを把握したいという人には、一定期間だけでもある程度正確に計算してみることをおすすめしたい。

カロリーはおこづかい

「1日1700キロカロリー以内」と決めたら、かぎられたカロリーのなかで、何を食べようか考える。できることならおいしくないものや体に悪いものを食べたくはない。

食欲に負け、うっかり手軽な菓子パンなどを食べて500キロカロリー摂取してしまったら、激しい後悔に襲われる。どうせ500キロカロリーつかうなら、ごはん軽く1杯（202キロカロリー）に目玉焼き（128キロカロリー）に納豆（87キロカロリー）にトマト（37キロカロリー）、そしてデザートにおいしいコーヒー（6キロカロリー）とチョコレート1粒（24キロカロリー）まで食べられたのに！と。こっちのほうが健康的で満足感もあったのに！と。

カロリー計算をしていると、食事を計画するようになる。朝昼で食べすぎたら夜は控え、夜に会食が入っているようなときは朝昼を控えてコントロールしなければならない。

これは何かに似ている。

そう、おこづかいだ。おこづかいを何につかおうか考えることに似ているのだ。同じ金額をつかうなら、できるだけお得に、満足感のあるものにつかいたい。似合わない服を買って無駄づかいしてしまったときの後悔は、おいしくないものでカロリーをとってしまったときの後悔にそっくりだ。

1日につかえるランチ代が1000円と決められていたら、そのなかでいかに満足できるお金のつかい方をするかを考える。いつもはランチで700円、帰りにセルフカフェで300円だけれど、今日はランチに1500円つかってしまったから明日はコンビニで500円以内にすませよう、とか。あるいは1週間カフェに行かなかったから1500円たまった、とか。

無計画に何も考えずお金をつかえば、貯金はできないし最悪の場合借金をすることになる。そして無計画に食べれば、太り続けるか病気になる……。

そう考えると、お金のつかい方が下手な人は、太るのだろうか。

やせている人と太っている人の食生活は紙一重

カロリー計算を1年以上続けて気づいたことは、「1日2000キロカロリーと1日1700キロカロリーの生活は、実はたいした違いはない」ということだ。

なんとなく、太っている人＝「ヒマさえあれば食べる」「どんぶり飯をくらう」、やせている人＝「小鳥のように少食」「間食など絶対にしない」といったイメージがある。人生のほとんどを小太りですごしてきた自分は、やせている人を見ると「きっとものすごく少食なんだろうな。私にはマネできないや……」「やせるにはおいしいものを我慢しなくちゃならない、太っていても、好きなものを食べられるほうが幸せ！」などと思い込もうとしていた。同じように、やせている人が太っている人を見たら、「どうしたらあんなに太れるのか。いったいどれだけ食べているんだろう……」と思っているのかもしれない。

しかし実際には、太る生活とやせる生活の差はさほど大きくない。

2000キロカロリーと1700キロカロリーの差は300キロカロリーは

「太る・やせる」はわずかな違い

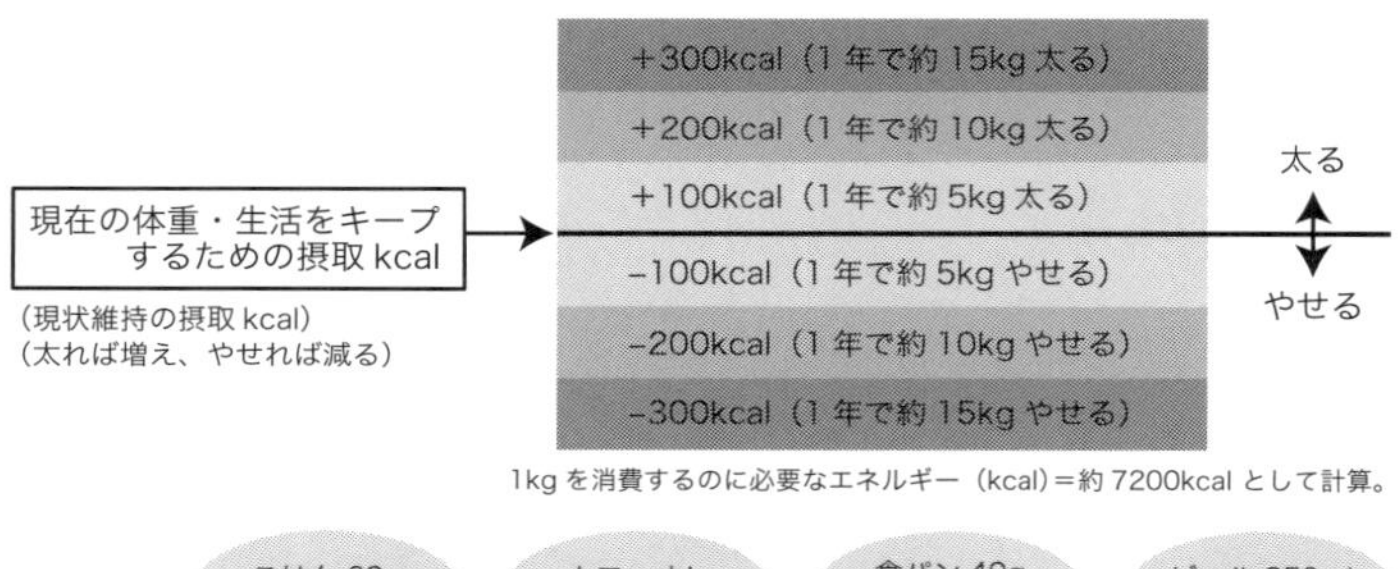

100kcalのめやす

ごはん60g（2〜3口）	カフェオレ1杯	食パン40g（6枚切り2/3枚）	ビール250ml（3/4缶）
クッキー20g（2〜3枚）	ポテトチップス18g（10枚程度）	牛乳150ml（3/4杯）	アイス50g（1/3個）

ど。300キロカロリーといえば、小ぶりの菓子パンひとつくらい。ごはんでいえば、しっかり1杯だ。3食に分けて考えれば、1食100キロカロリー程度減らせばよい、ということになる。

4枚切りの食パンを食べているなら6枚切りにする（約260キロカロリー↓約160キロカロリー）。ごはん茶碗を小さめにする（180グラム・302キロカロリー↓120グラム・202キロカロリー）。これらを1日3回実行すればいいだけだ。もちろん、通常よりも300キロカロリーよぶんに消費できる運動を習慣にできるな

ら、それでもよい。
とにかく、1日だけ食べすぎたからといって太るわけでもないし、1日だけ節制したからといってやせるわけでもない。ついお菓子をつまむ、ごはんを多めによそう、甘い飲み物を選ぶといったちょっとした習慣が、1年後の体型を大きく変えてしまうのだ。

1年半で約9キロ減

【ダイエットの経過】③
2016年7月〜2016年12月　体重減がやや鈍る期
55・5キロ　→　53・6キロ（マイナス1・9キロ、開始から8・9キロ減）
［1日の摂取カロリー］約1500〜1700キロカロリー

気づけば目標まであとわずか。体重は約1年半で10キロ近く減っていた。
相変わらず、毎日続けているのはカロリー計算、ごはん120グラム、毎朝の体重計測、エクササイズDVD（30分）。さらに毎日ではないが、ステッパーやついでウォーキングも実行していた。

私の胃も、だいぶ少食に慣れてきた。

以前は白飯を一度に2合食べられた私だが、ごはんをおかわりすることはなくなっていた。それどころか、外食では量の多いメニューにたじろぎ、ハーフサイズのメニューがあれば迷いなくそれを注文するようになった。

9キロもやせると、洋服を着ることが楽しくなる。試着をせず買ったはいいがボタンが閉まらなかったブラウス、太ももからうえに上がらなかったジーンズ、ジッパーを上げるとはちきれんばかりだったアウターが、するりと着られる。そして「おお、入った！」どころか、「あれ、ちょっとゆるい」と感じられるくらいになったのだ！　これは本当にうれしかった。

体重も53キロ台となり、最終目標の52・5キロまで、あと1キロというところまできていた。

しかし、適正体重とはよくできたもので、標準であるBMI22（54キロ）を下回ったころから、体重が減りにくくなってくるのであった……。

そして あれから1カ月……

「できることとできないことがある」問題発生！

T谷アクションプラン結果

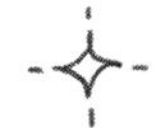

できた！

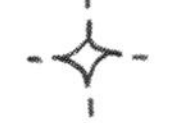

・体重は毎日お風呂上がりに記録
体重計にのるのは習慣化しやすい。

・400円以下のお菓子を買わない
ほとんどお菓子を買わないので、
あまり意味がなかった。

・差し入れをいただくのは、気持ちをいただきたいときだけ

・朝、駅から地上まで上がるときはエスカレーターの横を歩く

・夜、駅でホームに上がるときは階段を使う

できなかった！

・最初の1週間は、食べたものをすべて記録する
記録することで986kcalに抑えようとしたが全然ムリだった。平均1500kcalくらいで2000kcal超の日も。机上の空論とはこのこと……。

・よい香りのお茶を空腹時に飲む
コーヒーばかり飲んでいるから、お茶をあまり飲まない……。

・空腹になったらプロテインを飲む
1回だけ実行……。買ってみたプロテインがまずかった。おなかは膨れるし甘いものを食べた感じにはなるけど……。

・加圧かピラティスに通いはじめる
平日は帰りが遅く、土日は家のことで動けず。ホットステップというのを見つけたので申し込もう。

けっこームリなプランだったんですね〜
1日
986
kcal

H田アクションプラン結果

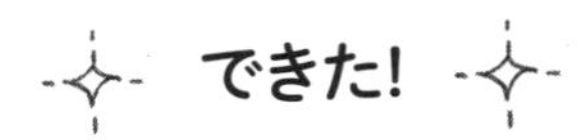

・最初の1週間、お菓子を食べない
代替品のお芋をとてもおいしく感じた。

・午前中のお菓子は150kcal以内

・基本的に毎日1700kcal以内
朝食に炭水化物を食べなかったらラクに達成できた。

・毎日体重測定
食べすぎた日もはかった。必ずしも前日の摂取カロリーに比例しないことに気がついた。

・午前中に打ち合わせを入れ、お菓子摂取の機会を減らす

・差し入れお菓子問題
気持ちをいただきたいと思うとき以外食べない。

・「やせたら着たい服」を買う
買いに行きました。ピッチピチの黒のパンツ。24000円。高い!
この夏が終わるまでにははきたい!

できなかった!

・会食時は自由に食べたいだけ。翌日か前日とあわせて3400kcal
会食時はやっぱり食べすぎる。そして、眠るとリセットされるため、2日あわせて「3400kcal」という計算ができなかった(脳の老化の問題)。

・週3日、ツインビルのヘルシーランチを食べる
食事に関してこまかい決め事はダメ。何を食べてもいいので、ざっくり1700kcalにしたほうがいい。

・外で打ち合わせのときは、ひと駅歩く
時間に追われて難しかった。

・400円以下のお菓子を食べない
駄菓子が好きだ。
安いチョコが好きだ!

・目標にしたいスタイルの人を探すために雑誌を見る、買う。
目標にしたい人が見つからなかった。

・蜂蜜をなめる
特に蜂蜜が好きではない。

えー

そして変化はあったの？
T谷
体重 53.5kg (3月22日)
↓
体重 52.7kg (4月17日)
バスト88→88
ウエスト71→71
ヒップ92→91
太もも51→51
目標が高かったのかアクションプランが甘かったのか……
もう一回練り直します…
H田
体重 53.6kg (3月23日)
↓
体重 52.4kg (4月14日)
1キロ強くらいはやせました
やっぱり1700kcalを心がけてるからかな？
H田さん……心なしか顔がすっきりしてます
スゴイですよ！
彼女はいつもどこかしらほめてくれる…ええ子や…
ホロリ…
T谷さんは1カ月やってみて気づいたことはありましたか？
――そう！新しく浮き彫りになった大問題がありました

好きすぎ問題!
•お米好きすぎ問題!
→ごはんが好き……でも、お酒も飲むし、夜に炭水化物を食べていいのは週3日までにする。
•お酒好きすぎ問題!
→夫といるときは飲んでしまう。だから、外食のときは、1杯目をビールではなくハイボールにする機会を増やす。
こんなにもスキ!
やっぱり自己受容の上、アクションプランを考え直したほうがいいでしょうね。(59ページ参照)
ビール
米
H田さんはお菓子ですか?
お菓子問題の原因は週末の家事ですね……
家事家事家事家事家事家事家事
家事をしてると心に穴があく!その穴をお菓子で埋めようとするんですよおおお私いい…
…それはしょうがないですよね…
ええ子や…
ブラックホール
——というわけで、次回の報告は10日後のGW前でもいいですか
いいですよ
ーてかどういうわけ?

いろいろ改良！　新アクションプラン

H田の新アクションプラン

- 基本的に毎日1700kcal
  量を減らしてもいいから本当に食べたいものを食べる。
- お菓子はひと袋だけ買う
  数袋買うと全部食べちゃうので、なくなったら買い足す。
- 朝食に炭水化物を食べない
- 伊勢丹と書店に足しげく通う（運動不足を楽しく解消）
- 「食べてもいいから、現実から逃げずに正直に記録」を引き続き継続
- 大好きな甘いお菓子を食べるという行為を決して否定しない

T谷の新アクションプラン

- 食べたものをすべて記録し（写真で）、食事量を減らす
- 体重計は毎日お風呂上がりに乗って記録する（あすけんで）
- 引き続き溜池山王駅でエスカレーターを使わない
- 夜に炭水化物を食べていいのは週3日まで
- 外食のときは、1杯目をビールではなくハイボールにする

じゃあ10日後の4月28日に検証しましょう!
いい報告会にしたいですね
しかし!!!
そんなにうまくいかないのが出版界
ものすごく忙しく報告会もできず仕舞いで
ゴールデンウイークに突入
そしてこのゴールデンウイークが明暗を分けた
H田 浮かれる
キャンプ
非日常
バーベキュー
カレー
そしてお菓子!
タイ旅行!
非日常
タイ料理!
朝食バイキング
3食分食べる
そして
お菓子!
T谷 青ざめる
京都でウエディングドレス試着
ヤベッ
ウエスト パンパン
腕ムッチリ…
おにあいですよ
本気出さねば!

第6章

停滞期を乗り越え、目標達成！

苦しい停滞・プチリバウンド

【ダイエットの経過】④
2017年1月〜2017年6月　魔の停滞・プチリバウンド期
53・6キロ → 55・5キロ（プラス1・9キロ、開始から7キロ減）
［1日の摂取カロリー］約1600〜1800キロカロリー

正月に実家に帰省した私は、例年のごとく食べすぎた。2キロ増え、体重計の数字は55キロを超えていた。「急に増えた体重はすぐ戻るもの！」とたかをくくっていたのだが、いっこうに戻らない。「いやいや、すぐ戻るすぐ戻る」と思い続けているうちに数カ月がたち、体重は54〜55キロをいったりきたり……。

減量中というのは、体重が減ることが励みになる。「自分のしていることが正しい」と納得できるので、ますます摂取カロリーを守る、適度な運動をするといった好循環な生活を送りやすくなるのだ。

しかし、体重が減らないと、いまひとつやる気が起こらない。目の前の現実から目を背け、ラクなほう、ラクなほうへと流されていきたくなる。
そして、半年で減らした1・9キロが、ぴったり半年間で戻ってしまったのだ。

結果が出なくても続ける

先生。アクションプランは続けているつもりなのに、体重がまーったく減らないんですよ。体重計に乗っても、「今日も減っていない……」ってなって、がっかり……。

うーん。停滞かぁ。山崎さんはプラトーっていう言葉、聞いたことありますか？

あ、ありますあります。たしか有名な哲学者ですよね。

＊プラトー
主にアスリートの能力向上における一時的な停滞を指し、これまでと同様にトレーニングを行っても、結果の向上が認められなくなる。「成長の踊り場」のような状態。コーチなどのアドバイスと、自分のしていることを深く洞察することで克服することになる。

……それはプラトンだよね。プラトー＊は高原現象ともいうんだけど、アスリートが陥る一時的な停滞状態のことなんだよ。一般的にスポーツは練習を重ねれば重ねるほど上達していくでしょう。でも、練習量とパフォーマンスは、かならずしも比例するわけではないんだよね。

あ、まさにそんな感じ！　結果が出れば続けられるのに、停滞すると「もういいや！」ってなっちゃうわけですよ。

うん。このプラトーをいかに乗り越えるかがアスリートのテーマでもあるわけだけど、ダイエットも同じなんだね。

いわゆるスランプってやつですか？

スランプとはちょっと違うかな。スランプはパフォーマンスも落ちるから。ダイエットでいえば体重が増えちゃうようなものだよね。プラトーはあくまでも停滞なんだよ。

アスリートも停滞に苦しんだりするんですねえ。

一流のアスリートだと、コーチからの助言があったりするからね。トレーニングメニューを変えてみたり、トレーニングの頻度を変えてみたり。

普通の人はトレーナーつきのジムに通い続けるわけにいかないですもんね。

ただ、ダイエットは生活習慣だからさ。アスリートほど必死になる必要もないと思うんだよ。あくまでも続けることに意味があるんだから。淡々と続けることが大事だよ。

ええ、はい。やっぱり続けることですよね……。

あとね。停滞しているように見えるけれど、実はしていないってこともあるよ。短期間の体重の増減を見るから停滞していると思うけれど、1カ月スパン、3カ月スパン、6カ月スパンと、長い目で見て減っていればいいじゃない。1日2日といったスパンでとらえないことも大事だよ。

「結果は出なくても、続ける」

これが案外難しい。

正直、異常に仕事が忙しかった。体重計測だけはかならずやったが、締め切り前などはカロリー計算をサボってしまうこともあった。エクササイズDVDをサボる日も増えた。

そして、少しの気のゆるみから自分にどんどん甘くなり、間食にお菓子やパンを食べすぎてしまう日も増えていた。

防波堤であるカロリー計算まで、少々いい加減になりつつあった。手間のかからないごはん120グラムだけはかろうじて守っていたのだが、「ラーメンか。まあ500キロカロリーくらいにしておこう」と、カロリーを少なめに見積もることが増えつつあった……。

打倒！「いつのまにかリバウンド」

ダイエットには、「いつのまにかリバウンド」というものがある。

まさにいまの自分である。

急激なダイエット直後、すぐに体重が戻るパターンが一般的なリバウンドだとすれば、「いつのまにかリバウンド」はゆっくりと気づかないうちに体重が増加していくのだ。

大まかに、次の3つの生活があるとする。

A　**やせる生活**
B　**キープする生活**
C　**太る生活**

生活の内容については人それぞれだが、減量中はAの生活ができているのに、いつのまにかBになり、Bがほんの少しずつ、自分でも気づかないうちにC寄りになってしまうのだ。Aもしくはの生活をしていたはずなのに、いつのまにか「C」に戻ってしまい、当然体重も増えていく……。

これはダイエットを続けていくうえでは由々しき問題だ。さっそく海保先生に聞いてみることにしよう。

先生、なんだか最近停滞を通り越して……、むしろ増えている！　もうどうしたらいいのやら。

ふうん。原因はなんなのか、自分なりに分析してみた？

自分でも気づかないくらい少しずつなんですけど、やせる生活（A）が太る生活（C）に戻りつつあるような気がするんです！

人間ってね、本能で意識的な努力をできるだけしないですむようにしているんだよ。「努力最小化の法則*」っていうんだけどね。そうしないと資源が枯

＊努力最小化の法則
人間は、努力（感）をともなう心身の活動をできるだけ少なくするように行動する。そのためには、いたるところで習慣化や自動化（やりはじめると終わりまでやってしまう）を行う。

渇して、新しい事態に対応できなくなるから。だから、気づかないうちに太りやすい生活（C）に戻ってしまうのは当たり前のことなんだよ。

ほう！　当たり前なんですか。でもどうしたらいいんですか？

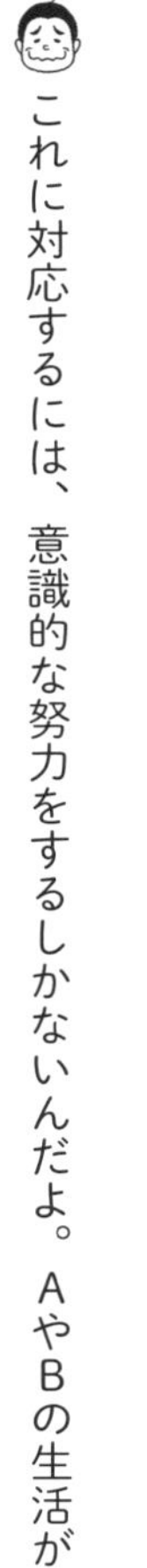

これに対応するには、意識的な努力をするしかないんだよ。AやBの生活が完全に身につくまで。

意識的な努力かぁ。道は遠いんですねぇ……。

あとね。Cの太る生活に戻りつつあることに気づかずに「AやBである」という錯覚に陥ってしまうことがあるんだよ。これは、願望思考からの思い込みなんだよね。

つまり「AやBであってほしい」という願望から錯覚が起こっていると！

そう。その願望から「Aであるはずだ。だって○○なんだから（一部の都合のいいところを見て）」となるんだよ。これは自分の（つらい）努力の成果を評価するときに、陥りやすい錯覚だね。

そうか、ダイエットを続けていたつもりで[*]、錯覚していたのかも……。「ダイエットできているはず。だって毎日カロリー計算しているんだから」って。

つまり、いまの山崎さんは自分の生活習慣に対する認識がゆがんでいるんじゃないかなあ。あはは。

笑いごとじゃないですけどね。

これに対処するには、日々チェックするしかないよね。特に山崎さんのように忙しい時期のある人は、二重、三重のチェックが大切だよ。体重測定やカロリー計算も大切だろうけど、それは自分のなかで完結しがちでしょう。自分のなかだけじゃなく、「外からチェック」すること！

＊後から振り返ってみると、実際は忙しさにかまけてカロリー計算の正確性が薄れ、エクササイズをサボる日が増え、○×チェック、ダイエット日記はほとんどやらず、「このくらいならいいだろう」というちょこっと間食が増えていた。

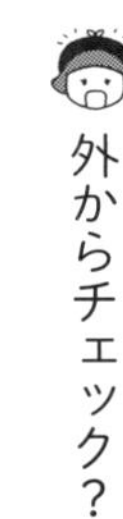

外からチェック？

家族でも友人でも、人にチェックしてもらうことをおすすめするよ。もうひとつ大事なのは、ＡやＢを維持するための「見える化」だよね。

ほうほう。前におっしゃっていた「外化」みたいなものですよね。

そう。「見える化」っていうのは、なかにしまっておかないで、外に出して見えるようにしておくってこと。考えなくても、目で見てわかることが大切だから。

さっきちょっと触れた「資源の枯渇」についてだけど、脳の資源である考える力や集中力などは、使えば使うほどなくなってしまう。だから実は、頭のなかだけでＰＤＣＡサイクル（82ページ参照）をまわすのは大変なことなんだよ。だから、外化して、見えるようにしておくと、ＰＤＣＡサイクルをまわしやすくなるというわけ。

海保先生によれば、「いつのまにかリバウンド」対策は、やはり、

❶外からチェック（他人の目の活用）

❷見える化

だという。以前にも「ダイエット仲間をつくる（他人の目）」「ダイエット日記を書く（見える化）」というミッションがあったが、壁に突き当たったときには、基本に立ち返って❶❷のプロセスを繰り返すことが必要なのだ。

まずは❶。海保先生のアドバイス通り、一緒に生活している夫に聞いてみた。

「ねえねえ。体重が全然減らないんだけど、どう思う？　何が悪いのかな？　遠慮はいらないし絶対に怒らないから、正直に答えてよ」

夫から返ってきたのは、次のような言葉だった。

「うーん。じゃあいうね。最近健康のためとかいいながら、バナナスムージーば

かり飲んでいるよね。牛乳やバナナはカロリーが高いはず。お菓子よりはいいけど、さすがに1日2杯は飲みすぎなんじゃ？」

「あと、夕食後はテレビを見ながら2〜3時間ソファに座りっぱなしでいることが多いよね。ああいうのもダイエットにはよくないかもしれないよね」

「それから、一緒に出かけるとかならず食後にソフトクリームとか甘いものを食べるよね。たまにならいいけど毎回だから……」

出るわ出るわ。客観的に表現されると、とてもダイエットをしている人間の生活とは思えない。

夫はやさしさが服を着ているような人間なので、これらの意見は無理やりいわせたようなものではあるが、他人からの歯に衣着せぬ意見はありがたい。

次に❷の「見える化」である。

私の場合、体重測定やカロリー計算が習慣化しているので、自分なりの「見え

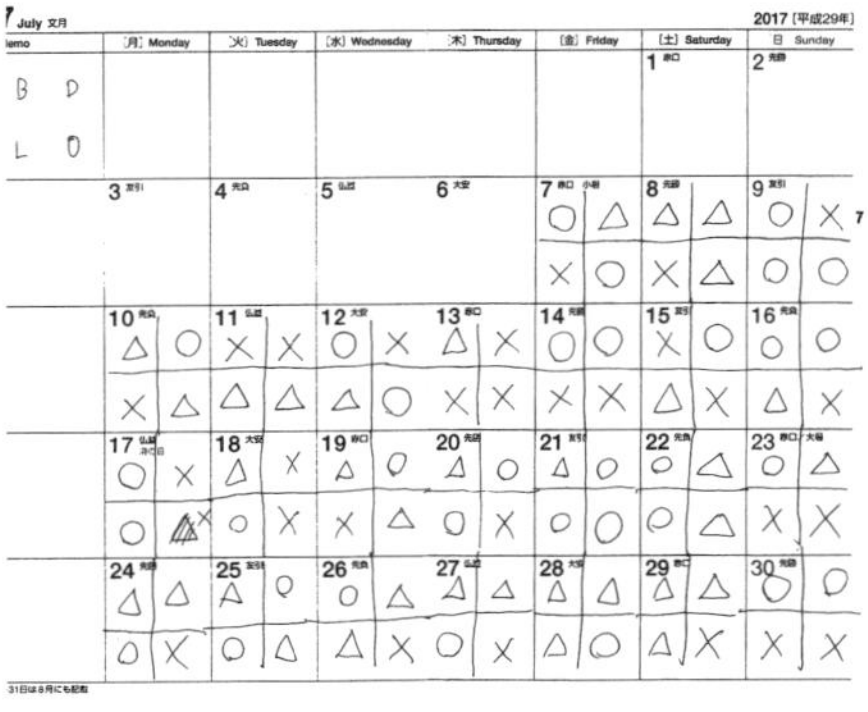

評価基準は、◯（よし）、△（まあまあ）、×（ダメ）くらいのアバウトさ。しかし実際にやってみると、×の比率のなんと高いことか。

る化」をしている気になっていた。しかしよくよく考えてみると、最近振り返りを忘れていた。カロリー計算をしても、単に「するだけ」で終わっていた。ＰＤＣＡサイクルの「Ｃ（確認）」「Ａ（改善）」が抜け落ちていたのだ（82ページ参照）。

海保先生によれば、「Ｃ（確認）」を習慣化するコツは、ハードルを上げないことだという。

やせる生活をＡ、キープする生活をＢ、太る生活をＣとするなら、今日はどんな生活だったのか、1日を振り返ってカレンダーにＡＢＣとつけていく。これなら簡単に続けられる。節制できた日はＡ、まあまあの日はＢ、食べすぎた日はＣ、というふうにして、週単位、月単位で俯瞰して見てみる。すると、日々のミクロな積み重ねがマクロなものとしてとらえられる。

これも実際にやってみた。私の場合は1日を朝、昼、夕、間食の4つに分け、◯、△、×をカレンダーに書き込んで自己評価をしてみた。

海保先生によれば、徐々に◯や△の比率を高くしていくことが大切だという。不思議なもので、×ばかりだったカレンダーに◯が増えていくのは気分がいい。カレンダーで俯瞰して見ることで自分の成長や達成感を感じることができる。カロリー計算はめんどうだという人にもおすすめな方法だと思う。

外化し、見える化してみると、体重が減らない（増える）のにはかならず理由があった。それを「**認識するしくみ**」をつくっておくことこそが、「いつのまにかリバウンド」を防ぐコツなのだ。

読者の方が停滞・リバウンド期にやるべきこと

□**記録だけはやめない**

増えても、食べても、体重をはかり、アクションプランの達成と不達成を書くことだけはやめない。それが最後の砦だと思って。

□**「見える化」の強化**

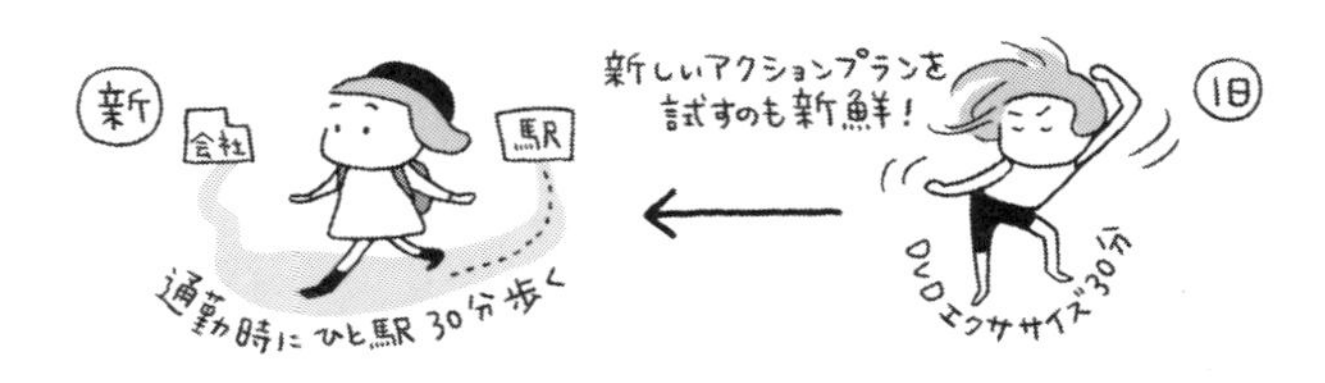

ABCや○×評価など、ときには外化(見える化)の基準を変え、振り返りの角度を変えてみる。日々の細かな振り返りだけでなく、全体を俯瞰することで、新たな問題点や改善点が見える。

□もう一度振り返ってみる

なぜやせないのか、なぜ体重が減らないのかには、かならず理由がある。心を静かにして、日誌や最近の生活を振り返りながら、停滞・リバウンドの理由を分析してみる。それをかならず書き出して読む。

□身近な人に意見をもらう

家族やダイエット仲間などに、停滞・リバウンドの実情を正直に話し、厳しい意見をもらう。

□アクションプランを再考

冷静に判断して、現在のアクションプランを続けたほうがよければ粛々と続ける。新しいアクションプランを入れて新鮮さを出すのも○。

「ダメな自分」を変えられるのか

ダイエットとはある意味、自分を変えることだ。

ダイエットをすることでどう変わるかといえば、「間食をしない」とか、「夜中に食べない」とか、「適度な運動をする」など、どちらかというとダメな人がまっとうな人に変わるとか、怠惰な人が自己管理できる人に変わるとか、いい加減な人が思慮深い人になるといった、負から正へのイメージだ。

つまり、自分を変えることができれば、ダイエットの成功率は非常に高くなるといえる。

先生、ダイエットって、ある意味自分を変えることだと思うんです。

そりゃあそうだよね。いままでと変わらない生活をしていたら、体重も変わらないよ。

自分をよりよく変えるっていうか、「自分はこういう人間なんだ！」っていう魔法をかけるような方法ってあるんですか？

うん。自己を変革するときのポイントは「自己有能感」や「自己コントロール感」かな。

よくわからないんですが。具体的にいうと？

わかりやすくいえば、「できないことができるようになる」こと。スポーツの訓練を支えているのはこれなんだよ。ダイエットも同じじゃないかなあ。

そういわれてみると、ダイエットがやりがいにつながりそうですね。

うん。「自己有能感」や「自己コントロール感」を高めるには「結果」がそれほど重要ではないんだ。結果がでてもでなくても、「やるべきことをやった」ということ、つまり「D（行動）」を行ったということ自体で育むことのできる感情なんだ。

「毎日2キロウォーキングする」と決め、実際にウォーキングをしたら、その行動自体を評価する。「やるべきことをちゃんとやった」という小さなプロセスの積み重ねをノートなどでチェックして見える化する。

ＰＤＣＡサイクルでいえば、「Ｄ（行動）」をきちんと評価することが「自己コントロール感」を高めることになり、自己変革につながるのだ。

私が今回のダイエットで強く感じたのは、海保先生が何度もいっていた「外化」「見える化」の偉大さだ。カロリー計算や体重記録に加え、○×日誌やダイエット日記などによって自分の行動や考えを外に出し、見えるようにした。そのことが「結果は出なくても、行動できている」という自信になり、自分なりに問題点や打開策を考えるステップにもなった。

今日もできた♪

チャンチャカチャンチャンチャカチャンチャンチャカチャン

海保先生は学長を退任されたあと、毎日必ず「ラジオ体操をする」ということを実行している。5分くらいのことだけど、「できた」「続いている」ということが、自己有能感につながっているそう。

読者の方が自分を変えたいときにやるべきこと

□100%達成可能なアクションプランをつくる

ごくごく簡単で実行可能なプランを実行することにより、「決めたことができた」という自己有能感を高める。

□できたことを評価する

3日続いた、1週間続いた、1カ月続いた。それを見える化し、評価していくこと。あくまで行動を評価すること。成果は問わない。

すぐに結果が出ないほうがいい

約半年間、ダイエットは続けているつもりなのに、何をやっても体重は減らな

かった。

このように、ダイエットを続けていれば、いつか「停滞期」という壁に突き当たる。この停滞期をいかに乗り越えるかが、ダイエット成功の鍵だ。

ここで「どうせ減らないならダイエットなんてやめよう。食べてしまえー！」と自暴自棄になれば、挫折の2文字が待っている。

海保先生の「とにかく続けよ」というアドバイスにしたがいつつも、停滞期に心を折らないために、私はあえてポジティブに考えるようにしていた。

ダイエットは、すぐに結果が出ないほうがラッキーなのではないだろうか。

今回海保先生の教えによって実行しているダイエットは、太らない「習慣」を身につけ、それを「永久にキープする」のがテーマだ。習慣というのは、長く続ければ続けるほど心と体に染み込んでいく。3日間だけ続けたことは、習慣とはいえない。1カ月続けたことは、すぐに抜けてしまうかもしれない。しかし、1年続けることができたなら、3年、5年と続きやすい。そして「本当の習慣」となる。

結果は、3歩進んで2歩下がるくらいでいい。続けてさえいれば、いつかかならず結果は出る。とにかく、やめてしまうことがいちばんダメなのだ。

短期間で目標体重をクリアしてしまったら、その習慣が抜けるのも早い。「習慣づけ」という意味では、早く結果を出そうと無理をするよりは、目標までの期間は長ければ長いほどよい。

そう考えれば、停滞期は「永久キープ」のためのプロセスなのだ。

目標達成後。あれ、40代にしてはけっこういい感じじゃないか!? これからは、写真の中の自分が好きになれそう……。

目標達成!

【ダイエットの経過】⑤
2017年7月~2017年9月 停滞脱出・目標達成期
55・5キロ→52・5キロ(マイナス3キロ、開始から10キロ減!)
[1日の摂取カロリー]約1400~1600キロカロリー

停滞&プチリバウンドしたとはいえ、当初の体重からくらべれば、7キロ以

上やせている。この事実を心の糧に、ここで多少だらけていた生活を見直すことにした。

まずは食事。1日の摂取カロリーは1500キロカロリー以内を目標とする。

運動も増やした。DVDエクササイズ（30分）に、余裕があればステッパー2000カウント（約45分）、エルボートゥ（腕立て伏せのような姿勢で体をまっすぐにし、両つま先、両ひじをついてキープする）1分以上をプラスした。

外出したときのついでウォーキングの頻度も増やした。山手線内なら駅間の距離も短いので、3、4駅は歩くことにした。

食事と運動を見直したことで、半年間まったく動かなかった体重が動き出した。

そして3カ月後、あっけなく目標の52・5キロに到達したのだった。

いつもならここで「やったー！　もう我慢しなくていいんだ。好きなものを食べられるんだー！」となるのだが、不思議なことにそういう感覚はまったくなかった。

失敗続きだったこれまでのダイエットと違ったのは、

「たいして苦しくもつらくもなかったから、この生活をこのまま、永久に続けら

れるかもしれない」

という こと。

ダイエットをはじめたばかりのころは、そりゃあ多少つらかった。もっとごはんを食べたかった。スーパーの菓子パンコーナーで10分以上悩んだ末、買わずに帰ったこともあった。でも、約2年でさすがに慣れた。大盛りごはんなど食べたいとも思わなくなったし、菓子パンやポテトチップスもたまにでいい。

それほどストイックな生活を送ったわけではない。疲れているときは運動をサボることもあったし、旅行や外食ではおいしいものをたくさん食べた。

太っていたころにくらべて、「我慢をしている」という感覚は、何ひとつない。

つくづく思う。

「肥満は、習慣がつくるものである」と！

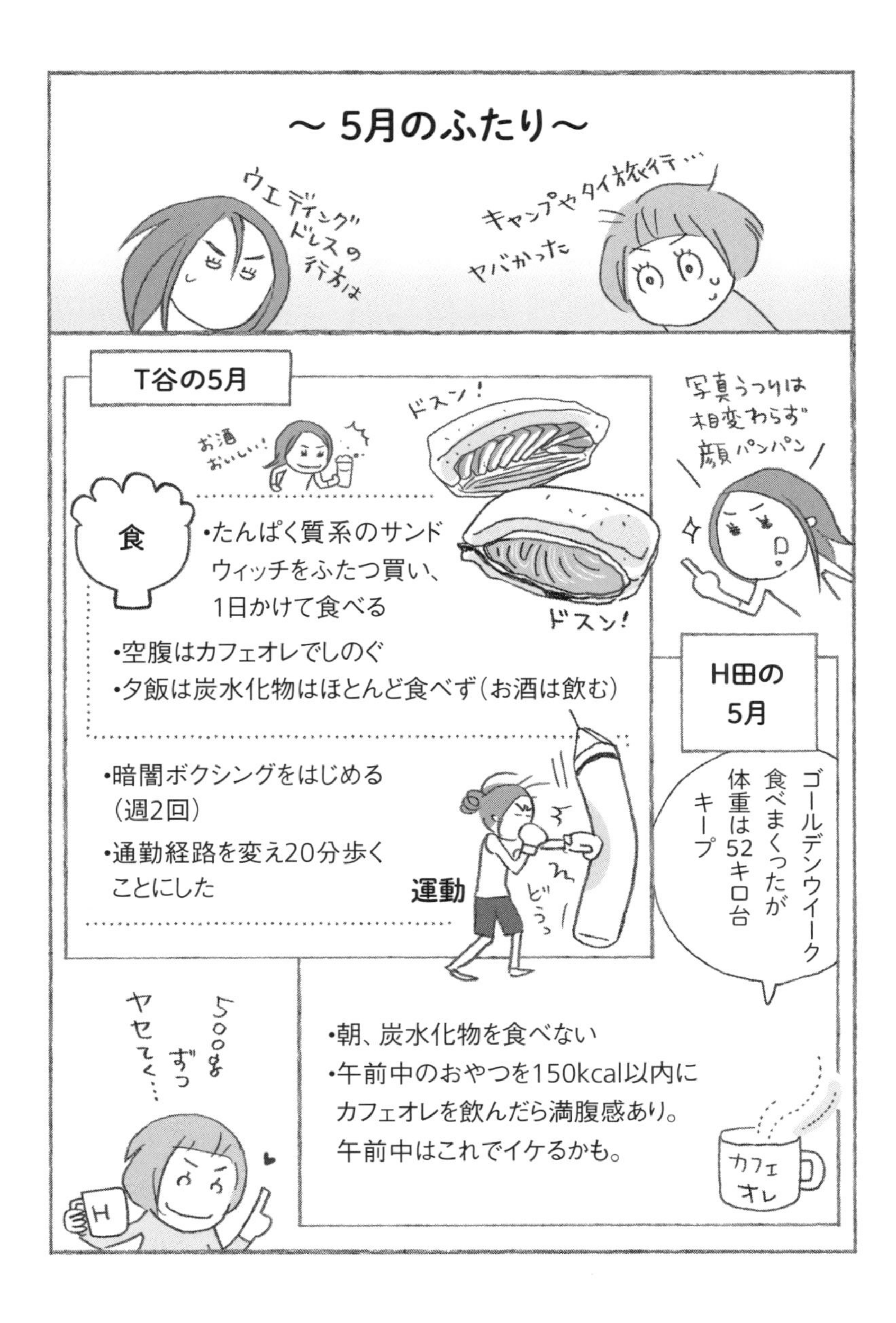
～5月のふたり～
ウエディングドレスの行方は
キャンプやタイ旅行…ヤバかった
T谷の5月
お酒おいしい！
ドスン！
ドスン！
写真うつりは相変わらず顔パンパン
食
•たんぱく質系のサンドウィッチをふたつ買い、1日かけて食べる
•空腹はカフェオレでしのぐ
•夕飯は炭水化物はほとんど食べず（お酒は飲む）
•暗闇ボクシングをはじめる（週2回）
•通勤経路を変え20分歩くことにした
運動
H田の5月
ゴールデンウイーク食べまくったが体重は52キロ台キープ
500gずつヤセてく…
•朝、炭水化物を食べない
•午前中のおやつを150kcal以内に
カフェオレを飲んだら満腹感あり。
午前中はこれでイケるかも。
カフェオレ
H

〜 6月のダイエット報告会〜
あれ？T谷さんやせた？
いま50・5〜50・8キロをウロウロしてます
これに刺激され体重とアクションプランが実行できたか、何を食べたかの報告を、毎日メールですることに
3kgも!!
食べる量を減らしてます
T谷のアクションプラン
——食べる量減らすぞ!
•1日に1杯以上カフェオレ(or 野菜ジュース or 飲むヨーグルト)を飲む
固形物をあまりとらないように
•昼と夜はかならずたんぱく質を!
取らないとやせなそう……
•食べたものは写真に撮って夫とH田さんに報告
空腹=やせている
…っていう暗示をかけてます
暗示にかかっているうちにヤセる!!
ウッス!!
気持ちはアスリート!
「一定期間集中的にがんばって、あとはキープ!」という方法が自分に向いているみたい。受験もそうだった!
受験のときも夏休み集中的に勉強したら英語の偏差値が20くらいup!

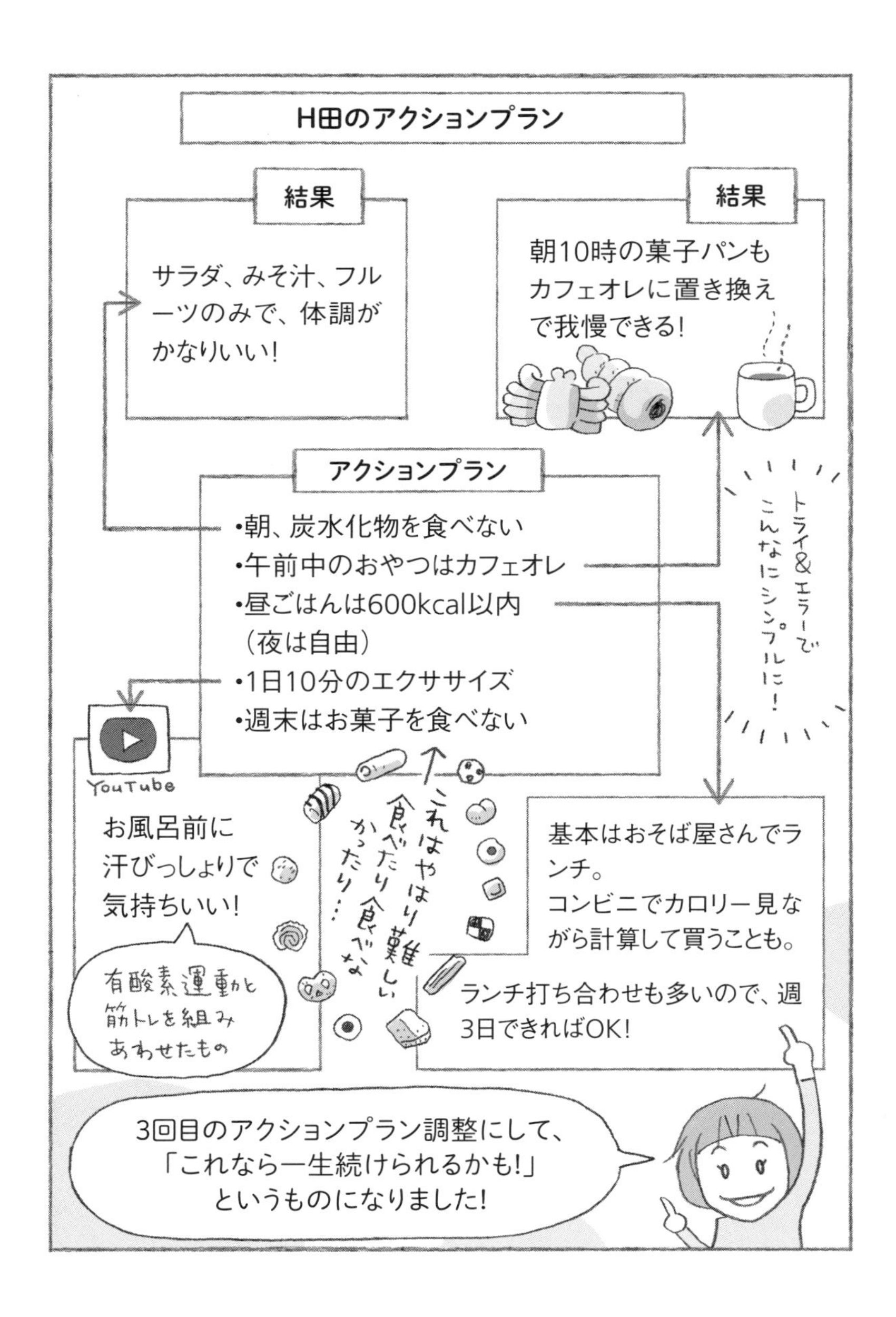
H田のアクションプラン
結果
サラダ、みそ汁、フルーツのみで、体調がかなりいい!
結果
朝10時の菓子パンもカフェオレに置き換えで我慢できる!
アクションプラン
•朝、炭水化物を食べない
•午前中のおやつはカフェオレ
•昼ごはんは600kcal以内（夜は自由）
•1日10分のエクササイズ
•週末はお菓子を食べない
トライ&エラーでこんなにシンプルに!
YouTube
お風呂前に汗びっしょりで気持ちいい!
有酸素運動と筋トレを組みあわせたもの
これはやはり難しい 食べたり食べなかったり…
基本はおそば屋さんでランチ。
コンビニでカロリー見ながら計算して買うことも。
ランチ打ち合わせも多いので、週3日できればOK!
3回目のアクションプラン調整にして、「これなら一生続けられるかも!」というものになりました!

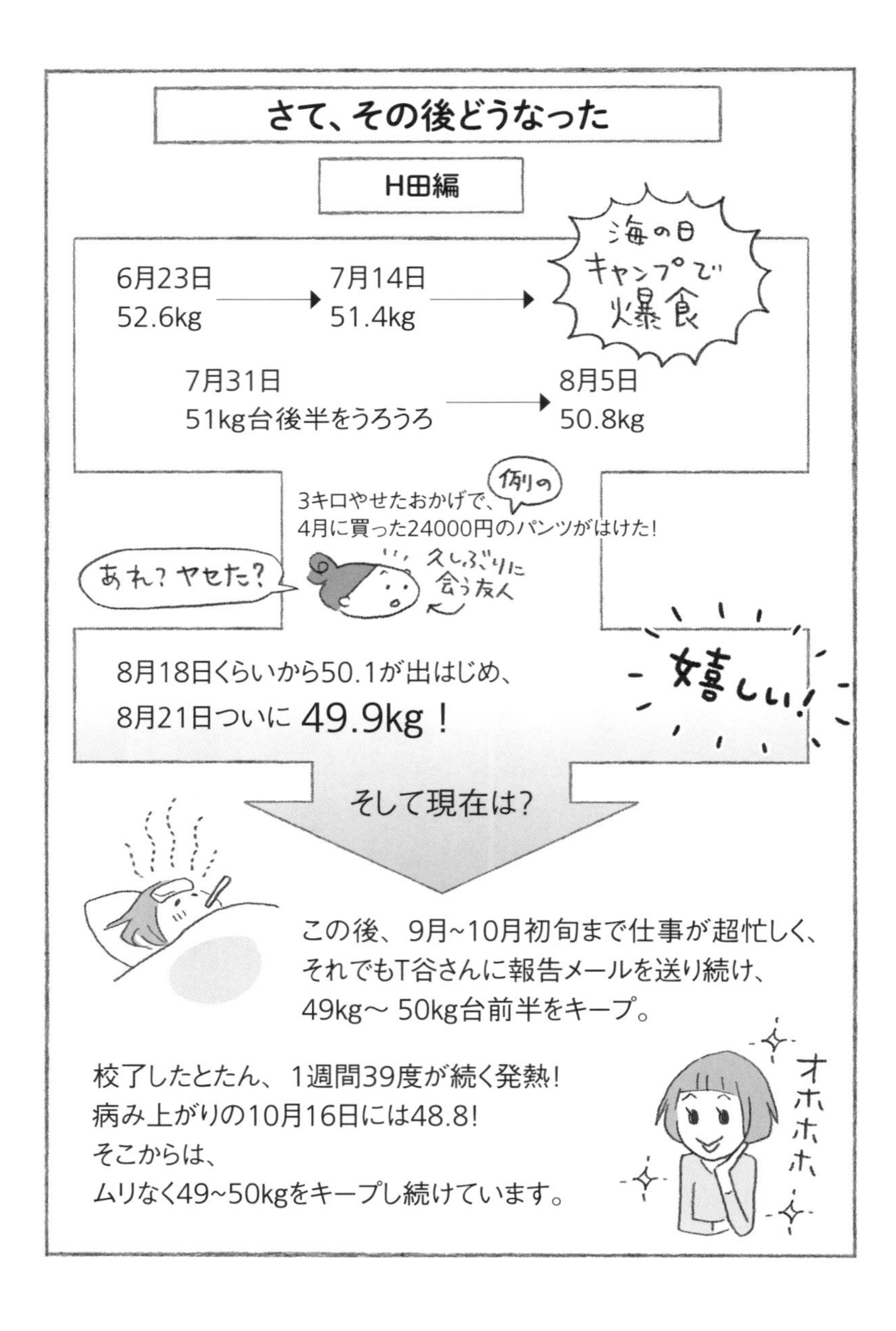
さて、その後どうなった
H田編
6月23日
52.6kg
7月14日
51.4kg
海の日
キャンプで
爆食
7月31日
51kg台後半をうろうろ
8月5日
50.8kg
3キロやせたおかげで、
例の
4月に買った24000円のパンツがはけた!
あれ?ヤセた?
久しぶりに
会う友人
8月18日くらいから50.1が出はじめ、
8月21日ついに 49.9kg!
嬉しい!
そして現在は?
この後、9月~10月初旬まで仕事が超忙しく、
それでもT谷さんに報告メールを送り続け、
49kg～ 50kg台前半をキープ。
校了したとたん、1週間39度が続く発熱!
病み上がりの10月16日には48.8!
そこからは、
ムリなく49~50kgをキープし続けています。
オホホホ

さて、その後どうなった
T谷編
7月の結婚式のときはウエスト3cm減
すてきなウエディングドレス姿に。
式の最中、試着で感じた腹部の
締め付け感がなかった!
さこつが…
さこつがある…
やせてる夫と並んでもセーフ!
こんなに細くなっちゃって
キレイだキレイだ
夫
母
父
よかったよかった
体重は50.7kg
(マイナス3kg減)
やせたね!
おめでとー
その後も無理なくアクションを続けて……
そしてついにこの日が……
H田さん
おはようございます。
ついに
やってきました
ピララン
メール

いやー、自分の数値ながら、久々にお目見えした数字にびっくりしました。
じつに5年ぶりくらいです。
とはいえ、まだ一瞬ですので、「48kg」くらいの自分が「当たり前」になるようにしていきたいです。
あらためて「当たり前」が変わるということが「変わる」ということなのかもしれないなー、と感じています。

第７章

永久キープするための考え方

キープがいちばん難しい

よくいうではないか。「結婚や就職はゴールじゃない。スタートなんだ」と！

こんなこともいわれる。「禁煙（禁酒）に成功はない。一生禁煙中（禁酒中）なんだ」と！

ダイエットも同じで、目標体重をクリアしたいまがスタートなのだ。達成した体重を永久にキープしたいなら、もとの食習慣・生活習慣に戻ってはならない。断じてならない。

目標があるうちは、ある意味ラクだ。目標に向かって突き進めばいいだけだから。体重が減っていけば目に見える結果があり、達成感も味わえるため、ダイエットは楽しい。

しかし達成した時点で、目標は消滅する。目指すべきものがなくなると、人は怠惰に傾いてしまうのだ。「これまで我慢してきたものを食べられる」「ちょっとくらいいいだろう」と、自分に甘い言葉をささやいてしまうのだ。

ダイエット経験者のほとんどが、リバウンドを体験しているはずだ。そして実感するのが、「やせるのは難しいのに、太るのはなんて簡単なんだろう」ということだ。

私自身、1カ月間過激なダイエットをして5キロやせ、翌月に6キロ太ったことがある。半年で10キロやせたときも、数カ月でもとに戻った。いや、戻るどころか太り続けた。

当時は死に物狂いで、本当に、本当に苦しい思いでやせた。もう二度とこんな苦しい思いはしたくないと思いながら、食べることを我慢した。だからこそ、目標達成後に心が折れてしまったのだ。

今回の習慣を変えるダイエットでは、苦しさやつらさはほぼ皆無だった。だからこそ、**これまでのダイエットと違い、この生活を続けられる自信があるのだ。**

「習慣形成」のポイントは「決まった時間に同じことをする」

目標達成おめでとう。でも、ダイエットはこれからが勝負だからね。今日はあらためて、習慣形成について考えてみよう。

はい、お願いします！

そもそも「習慣」ってどんなものだっけ？

習慣とは……。えーっと、毎日当たり前にやっていること……ですよね？

そう。でも、習慣っていうのはもとからあるものじゃなく、繰り返し行うことによってそうすることが当たり前になっている行動なんだよね。その行動をしないと「何かし忘れたなー」という感覚をもつレベル。

なるほど。毎日の歯磨きも、生まれたときからやってたわけじゃないですもんね。

そう。みんな当たり前に歯磨きをするけれど、毎朝毎晩「虫歯にならないように磨かなきゃ」という強い理由づけによって行動しているわけじゃないよね。われわれは子どものころから「歯磨き」という行為を繰り返し行うことで習慣が形成されたからこそ、毎日歯を磨くわけだよね。つまり、歯磨きが「やって当たり前の行為」である習慣になっているわけだよ。

親のしつけってありがたいものだったんですね。

歯磨きと同じように、真の意味での習慣形成ができれば、一生リバウンドせず、いまの体重をキープできると思うよ。

どうすれば習慣形成できるんですか？

「毎日決まった時間に同じことをする」こと。毎日、毎週でも、定期的にできること、そして、無理がないこと。これが習慣形成のためのポイントだね。

自分がやろうとしていることが定期的にできるか、そして無理がないかって

「脱習慣」のほうがラク!!
自分の太る行動でやめられることって…
ついクッキーひとつまみ

いうことが、習慣化のポイントなんですねえ。

定期的に行うことで、最初はきつくても次第に無理なくできるようになってくるんだ。

脱習慣からはじめてみる

それから、習慣には「取り入れるもの」と「取り除くもの」があるんだよ。ダイエットの場合、ウォーキングやジム通いなどの運動系は「取り入れる習慣」といえるだろうね。逆に食後のスイーツやおやつをやめるような食べ物系は「取り除く習慣」なんだよね。どちらが簡単だと思う?

そりゃあ断然「取り除く」ほうがラクな気が。

その通り。多くの人にとっては、ジョギングをするよりもおやつを食べないほうが簡単なんだよ。つまり脱習慣。対して新しい習慣を形成するというのはなかなか難しい。ダイエットでいえば、食べる量を減らすのが脱習慣で、運動をするのが習慣の形成といえるかもしれないね。

たしかに運動は続けるの難しいですねえ。ジョギングなんて三日坊主どころか、1日やってもうやだーってなるし。

「取り入れる習慣」については、少しずつ増やしていくというテクニックもあるけどね。難しい言葉でいうと、漸次的形成*（シェイピング）っていうんだけどね。たとえば腕立て伏せを初日は1回、翌日は3回、5回、10回……と、少しずつ増やしながら運動習慣を形成していくとか。

うーん。腕立て伏せは1回もできないから無理だけど、ほかのことならできるかも……。

たしかに、ダイエットといえば、「ウォーキング1時間」「スクワット100回」

＊漸次的形成という意味では、エルボートゥ（205ページ参照）という筋トレを続けている。30秒からはじめてちょっとずつ増やしていき、現在MAX2分！

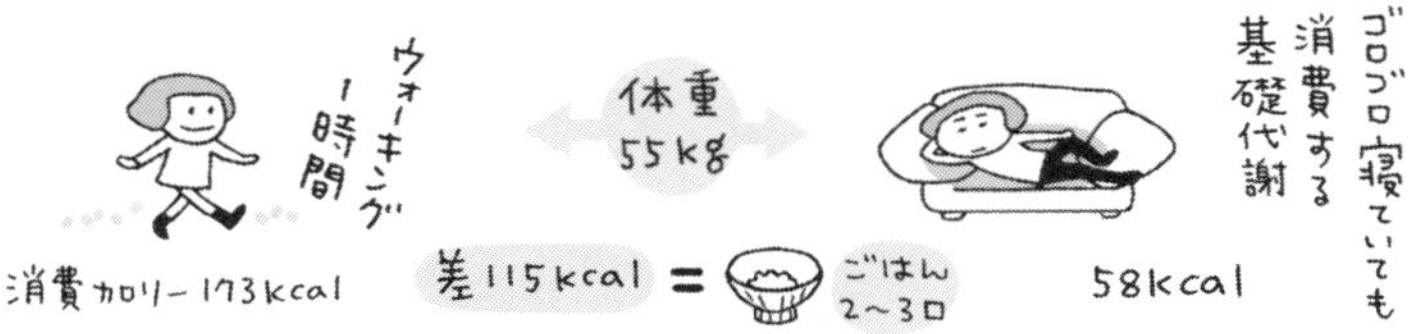

「野菜スープを飲む」といった「取り入れる習慣」を加えてみたくなる。
ウォーキング1時間も、毎日の習慣というのは難しい。前後の着替えの時間などを考えると、かなりハードルが高い。通勤などに取り入れるのはありかもしれないが。カロリー的にみても、「取り入れる習慣」である運動のみでやせようというのは、かなり大変なことだ。
ウォーキング1時間を毎日続けるよりも、毎食のごはんをひと口ずつ減らす、おやつに3枚食べていたクッキーを1枚にするというほうが、はるかに簡単だ。時間も手間もかからないのだから。

キープ期間が長ければ長いほど、リバウンドしないという実感

ダイエット中になかなか体重が減らなかったり（停滞期）、目標体重クリア後すぐに体重が戻ってしまったり（リバウンド）するのは、ホメオスタシス（生体恒常性）が働くからだといわれている。

ホメオスタシスとは、生物などの状態を一定に保ち続けようとする性質のこと。

人間の体というのは、急激な変化を嫌う。つまり、急に太ったり急にやせたりなど、体温や血圧や体重が激しく変動したりすることをよしとしていない。たしかに、外界からの変化をすべて受け入れていたら、体に大きなストレスがかかって寿命が縮まりそうだ。

体だって「せっかくこの体重で落ち着いていたのに、おまえの勝手な都合で太ったりやせたりしたくないんだよっ」といいたいのだろう。

体重が停滞するのは、体が「もう少しこのままでいたい！」、リバウンドするのは「もとの（太った）体に戻りたい！」と主張しているのだ。体がダイエット成功後の体重をまだ「キープすべき体重」であると認識していないということであろう。

思い起こせば私は人生のほとんどを56〜58キロ以上ですごし、そのうち数年間は60キロ以上ですごしてきた。いまの52・5キロは、私の身体人生にとって「非常事態」のようなものなのだ。慣れないからもとに戻りたがるのも当たり前。まだまだ油断は禁物だ。

しかし、**理想の体重をキープする時間が長ければ長いほど、維持しやすくなるということだ**。ホメオスタシスがうまい具合に働いてくれれば、永久キープの味ポジティブに考えれば、多少食べすぎても思ったほど太らないことがあるのは、ホメオスタシスのおかげといえるのかもしれない。私も昔からよくいわれたものだ。「そんなに食べているのに、よくそのくらい（小太り）でいられるよね」と！

方になってくれるのだ。

そのためには、

・できるだけゆっくりやせる
・目標体重をキープし続ける

ことが重要だ。

ホメオスタシスは敵ではない。仲よくなるには、やっぱり習慣化が必要だった。

「やせたい」という信念を育てよ！！！

先生。目標体重をクリアしたのはいいんですけど、これを永久にキープできるかどうか、ちょっとだけ不安なんです。自分が信じられないっていうか！

うーん。山崎さんのなかの信念が弱いんじゃないの？

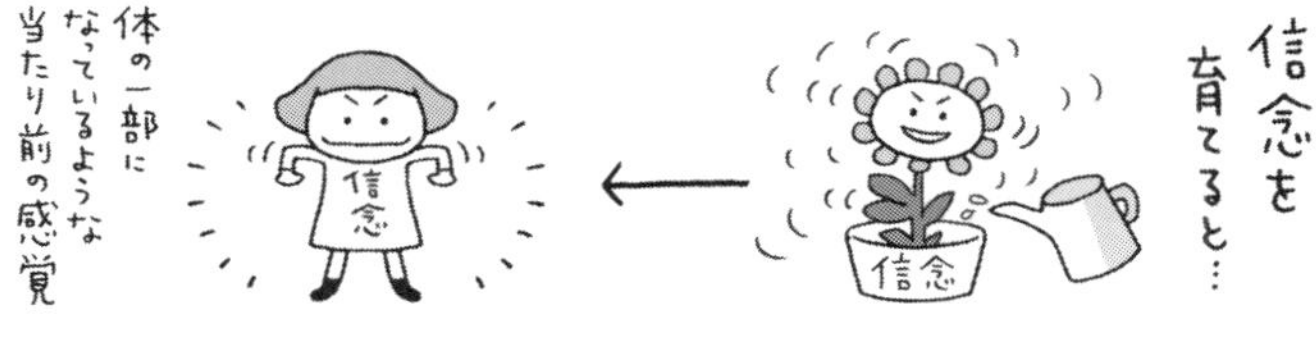

つまり、やせたいという信念ってことですよね。……決して弱いつもりじゃないんですけど、おいしそうなものを目の前にしたり、おなかがすいていたりすると、やっぱり「やせたい」よりも「食べたい」ほうが強くなっちゃう……。

「食べたい」というのは単なる欲求であって、信念ではないよね。でも「やせたい」、つまり「やせることが自分の人生にとってプラスになる」というのは「信念」になりうるんじゃないかな。

なるなる！　絶対なると思います。やせたいって信念ですよ。……でも、つい食べちゃうんだよなぁ……。

信念が欲求に負けてしまうなら、明らかに信念が弱いってことなんだよ。自分では信念だと思っていても、弱い信念では永久キープは難しい。つまり、信念を強くしておくことで、体重を永久にキープすることができるんだよ。

そうか。おいしそうなものを目の前にしたりして、誘惑に負けそうになるのは、私の信念が弱いってことなんだ。

近所で花火大会やお祭りなどのイベントがあったことをニュースで知ると「ああ、できれば行きたかったなぁ」と思うことがあるでしょう。でも、そういうイベントに実際に行く人っていうのは、事前に開催情報を調べて、スケジュール調整をしているわけだよね。それをせずにただ「行きたかった」と思うのは、何かが足りないんだよ。つまり、それが信念のようなものなんだと思う。行動に移すためには、相応の信念が必要なんだよ。

たしかにそういうことってよくある！　絶対に行きたいイベントだったら自分から情報収集して、絶対行くもん！　終わってから漠然と「行きたかったなー」って思うのって、信念が弱いんだ。ダイエットもなんとなく「やせたいなー」って思ってるだけじゃ、絶対にうまくいかないと思います！

……で、先生。信念を強くするにはどうしたら？

そうだね。ダイエットの場合、やっぱり前に話したメタ認知や知性化（信念を支える知識とその使い方を身につける）が効果的だろうね。あとは、ダイエット成功によってもたらされるメリット、太っていることのデメリットをいま一度心に刻みつけておくといいかもしれないよ。これもメタ認知や知性化のひとつといえるよね。

なるほど、「この体重をキープできたほうが絶対にいいんだ。いいことが起こるんだ」っていうのを、理論としてきちんと自分にいい聞かせるみたいな感じか。

あとは「使命化*」という方法もあるよ。使命化っていうのは、ダイエットは自分が与えられた務めであるとすること。「適正体重でいること」を人生の目標のひとつにするというようなイメージかな。

なるほど。前に教えてもらった目標構造の管理にも似ていますよね。体重管理は「健康でいる」ことや「楽しく生きる」ことにつながるわけで、それを

*使命化
目標体重のキープを自分の役割のひとつとする。その意義は健康を保つなど自身のためでもいいが、家族など他者に対する使命（太っていないほうが家族がよろこぶなど）や、食品ロスを減らすといった社会的使命に思いを巡らせてもよい。

自分の使命だと思えばいいんだ！

そうだね。信念を強くするためには、「なぜ自分はやせたかったのか」をもう一度明確にして、それを忘れないことが大切だよ。

やせていることのメリットは？

海保先生がやせて[*]いることのメリット、太っていることのデメリットをあらためて洗い出すようにいっていたので、さっそくやってみることにした。

それぞれのメリット、デメリットを書きはじめてみたところ……。

あれ？　私にとってやせていることにはメリットばかりで、大きなデメリットはほとんどない。対して太っていることにはデメリットだらけで、メリットはほとんどないのだ。

……当たり前といえば当たり前なのだが。

やせればいいことばかり、太っていればいやなことばかり。

＊ちなみにここでいう「やせている」というのは「太っていない」という意味であり、健康に支障がありそうなほどの低体重のことではない。

やせていること・太っていることのメリット・デメリット

	痩	太
メリット	・服が似合う	・たくさん食べられる
	・ファッションの選択肢が広がる	
	・体が軽く、動くのがラク	・大らかな人（キャラ）と思われる
	・外出が楽しい	
	・自信がもてる	
	・きれいに見える	
	・若く見える	
	・健康になる	
	・自己肯定感アップ	
	・人から大切にされる	
	・仕事ができそうに見える	
	・運動神経がよさそうに見える	
	・活発なイメージ	
	・明るいイメージ	
デメリット	・ある程度の自己管理が必要	・服が似合わない（入らない）
	・運動などの継続が必要	・老ける
		・美しくない
		・不健康になる
		・内臓脂肪増加、心臓への負担
		・高血圧
		・ひざなどへの負担
		・食欲に振り回される
		・出かけるのが楽しくない
		・おしゃれが楽しくない
		・人に会いたくなくなる
		・自信がなくなる
		・自己嫌悪に陥る
		・人から見下される
		・愚鈍なイメージ

これまでの私は、服が似合うとか自信がもてるとか外出が楽しくなるといったメリットを捨てて、「たくさん食べる」ことに重きをおいていたことになる。そして、太っていることのさまざまなデメリットを受け入れてきたというわけだ。

しかしさらによくよく考えてみる。

「たくさん食べる」ことは、それほど魅力的なことだろうか。たしかに私は食べることが大好きだが、何もたくさん食べなくてもいい。好きなもの、おいしいものを適量食べられればいいではないか。


読者の方が永久キープするためにやるべきこと◎信念を強める

・以下をノートなどに書き出し、じっくり読む、何度も読む

□自分はなぜやせたいか（この体重をキープしたいか）信念をたしかめる
やせている、太っている、それぞれのメリット・デメリットを書き出す。

□やせていることで果たせる使命を考えてみる

たとえば、「やせる」＝「シンプルな洋服が似合う」＝「洋服代が減って子どもの教育費にまわせる」など、やせることを「使命」＝「大切な人のための重大な任務」として考えられないか、自由にブレーンストーミングしてみる。

キープを阻むのは小さなストレスである

ダイエット以外でも、日記をつけるとか、掃除をするとか、資格の勉強をするとか……、習慣形成をしようとして失敗したという経験は誰でもあるだろう。いわゆる三日坊主というやつだ。

なぜ私たちは、習慣形成に失敗するのか。

今回のダイエットについて、さまざまな習慣づけを試みた結果、ひとつ気づいたことがある。

それは、「**たとえ小さくても、ストレスがあると続かない**」ということだ。

私はDVDのエクササイズを長らく続けているのだが、

・ヨガマットを敷く
・滑り止めつきの靴下カバーをはく
・DVDプレーヤーをオンにし、再生する

という3ステップを行っている。

生来のものぐさである自分にとって、この3ステップはめんどうくささの限界値に近い。ヨガマットを広げたり丸めたりするだけでもかなりの手間だ。だから少しでもラクをするため、ヨガマットと靴下カバーはリビングの隅の箱のなかに突っ込んである。これを毎日クローゼットにしまうと決めたら、ぜっっったいに続かない。また、エクササイズDVDはプレーヤーに入れっぱなしになっているが、これを毎日出し入れするとなれば、やはりぜっっったいに続かないだろう。

数年続いている体重計測もそうだ。以前は体重のほかに体脂肪率も記録していたのだが、体重と体脂肪率というふたつの数字を覚えておいて記録するというのは、もう決して若くない脳細胞にとって、なかなかハードルが高い。片方を忘れ

てはかり直しということがよくあり、結局めんどうでやめてしまった。

自分なりに考えた「アクションプラン」が続かない場合、そこに「ストレスはないか」を考えてみることが大切だろう。そして、できるだけそのストレスをつぶしていくというのも、ポイントなのだ。

モチベーションを上げてはならない

この本の企画が決まったとき「モチベーションを上げるためにステッパー買ったんですよぉ♪」と編集のH田さんに報告した。すると彼女はこういった。

H田「山崎さんダメですよ。モチベーションなんか上げたら」

山崎「えええ！　ダイエットって、モチベーション上げないとできないもんじゃ？ダイエットといえばモチベーション。モチベーションといえばダイエットというくらいですよ！」

H田「今回は〝永久キープ〟がテーマじゃないですか。いちいちモチベーショ

ンを上げないとできないなら、続かないと思うんですよねぇ……」

山崎「うう。たしかに……」

いわれてみれば、私のこれまでの失敗ダイエットは、モチベーションを上げることが第一にあった。

まず道具をそろえたり、低カロリー食品を買いそろえたりしてからはじめようとする。家中のお菓子を食べつくしてからにしようというわけのわからない行動もよくあった。

いわゆる「明日からダイエット」というのもそのひとつである。

「年末だし、年明けからやろう!」

「お正月はどうしても食べすぎるから、2月から……」

「2月、3月は確定申告とかしないといけないし、いろいろ忙しい。年度はじまりの4月からにしよう!」

……といった具合に、区切りのいいところからはじめようとする。

モチベーションを上げて、完璧なダイエットをはじめたいのだ。

しかし不自然に上げたものはいつか下がる。「モチベーションを上げてダイエッ

モチベーション

続かないダイエット→気持ちの上下が激しい

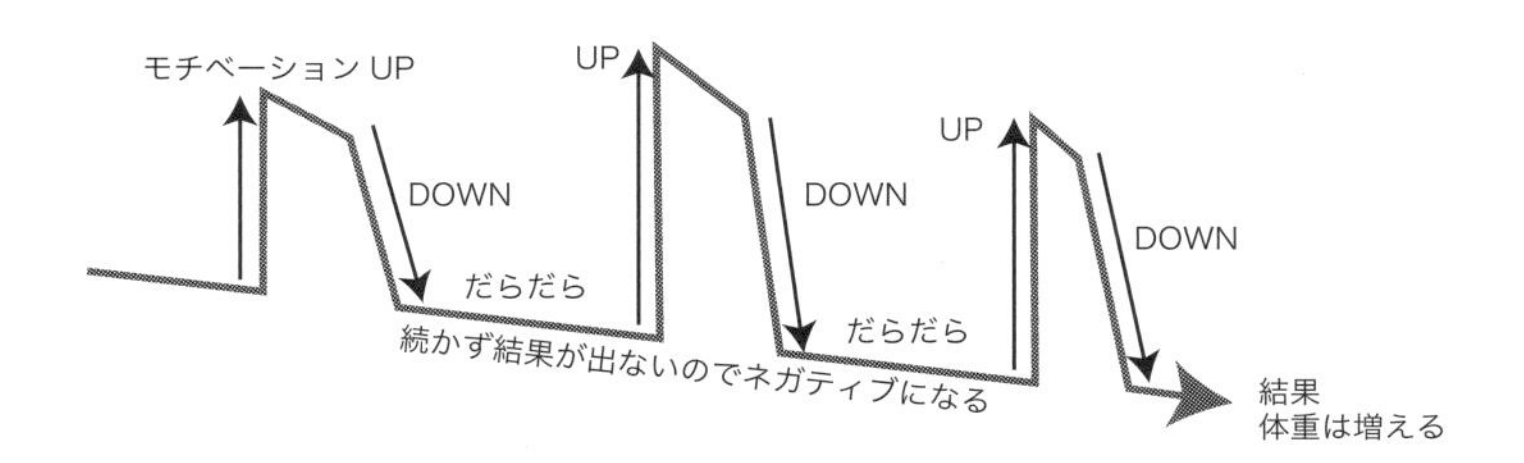

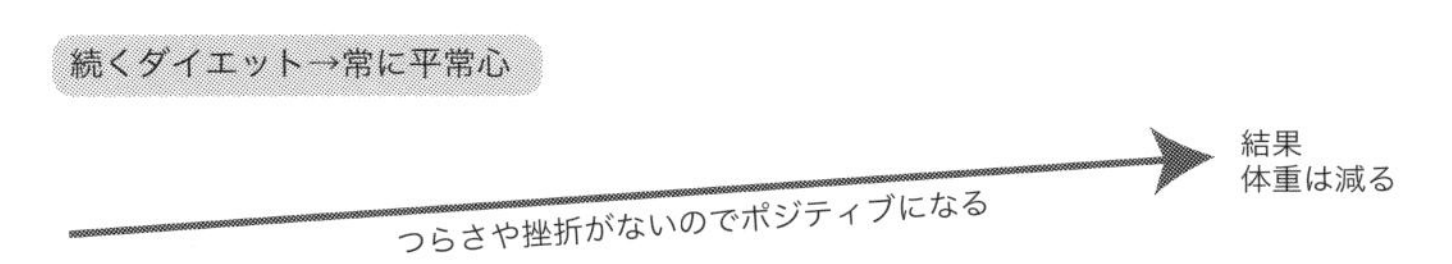

トをしよう」ということは、すなわちモチベーションが下がった時点でダイエットも終わることになる。

海保先生もいっていたではないか。歯磨きとか洗顔とか、当たり前の習慣になっている行動にモチベーションはいらぬ。一生続けるって、そういうことなんだ！

失敗ダイエットは、上図のように、モチベーションアップ→ダウン→アップ→ダウンの繰り返し……なのだ。

このアップダウンの図は何かに似ている！　そうだ。失敗ダイエットの体重変化に似ているのだ

（上下は逆だが）。厳しめのダイエットをはじめてちょっとだけやせて、すぐに挫折して戻って、だらだら太って、またちょっとやせて……。

……そして結局、太るのだ。

やせて変わったのは自分の心

目標体重をクリアして、はや数カ月、身のまわりにいいことばかりが起こるような気がしていた。お店でも丁寧な接客をされることが増え（たように感じ）、仕事を紹介してもらうことも増えた（ように感じた）。なんと初対面の人からは、華奢だといわれることさえあったのだ。

「やっぱり太っている人を紹介したくなんてならないよね。やせて普通体型になったからだと思うの！」

こう編集者のH田さんに話したら、

「それは山崎さんの意識っていうか、内面が変わったからじゃないですか？　世の中の人は、他人の体型ごときでそこまで差別なんてしませんよー」

という。

「えっ？　そうかな？　……いわれてみればそうかもしれない。太ってたころも仕事はもらえていたし、友だちも遊んでくれたし」

「そうですよ。つまり、山崎さんの内面が変わったってことですよ。でも、ポジティブになったんだから、それは決して悪いことじゃないと思いますけど」

そうなのだ。

身のまわりが変化していたような気がしたが、変化したのは私の心のもちようだったのだ。

太っていることがコンプレックスであった私の内面は、やせることで変わったのだ。内側が変わったからこそ、外側（他人のやさしさや親切）を素直に受け止めることができるようになったのではないだろうか。

コンプレックスが解消できれば、言動や立ち居振る舞いにも自信がもてるようになる。やせて変わるのは他人の心ではなく、自分の心なのだ。

【ダイエットの経過】⑥

２０１７年10月～現在（永久キープ中）

52・５キロ → 52・５キロ前後（開始から10キロ減キープ中）

［１日の摂取カロリー］約１６００～１８００キロカロリー

［続けているアクション］・毎朝の体重記録

・毎食のごはんの量１２０グラム（２０２キロカロリー）

・カロリー計算

・ＤＶＤエクササイズ（30分）

・ステッパー（気が向いたときに30分）

・外出時のついでウォーキング

停滞……目標を見失う!?

体重はキープしているものの……

もういいんじゃないかな
もうやる気ないし…

お菓子食べたい…

米が私を呼んでいる…

なんのためのダイエットなんだっけ……という気もしてきた

これではダメだ!
一度振り返ってみようということで、タイ料理屋へ

なんで食う!

T谷のレポートより

なぜやせた?

- 一気にやせたのは、結婚式という期日があって、体のフォルムを見せる必要性があったから
- 食べる量を全体的に減らしていた
- キープできているのは、夫の食生活に合わせて、夜炭水化物をあまり食べない、野菜多め、週に1回以上は魚がメイン、という食事になっているからかも
- 休日のお昼をあまり食べないのもキープの一因(昼食べると夜食べられない、と夫がいうため)

なぜ停滞?

- 食べるのが好きすぎる。どうしても好奇心が先に立ってしまう

またダイオウイカが…

どんな味だろう

ゴクリ

実は私の最初の目標
7つのうち4つが
「スカート」について
だったんです

ここをクリアしたんで
満足感を得たのかも
しれません

ダイエットの目的（3月時点）

- スカートを買うときにウエストがゴムかどうかチェックしないようになりたい
- 朝、ゴム以外のスカートを気楽に選びたい
- シャツをスカートに「イン」したい
- タイトスカートをはきたい

- 体を軽くして元気になりたい
- 写真に写る顔がパンパンにならないようにしたい
- そしてウエディングドレスをキレイに着たい

あ
ホントだ

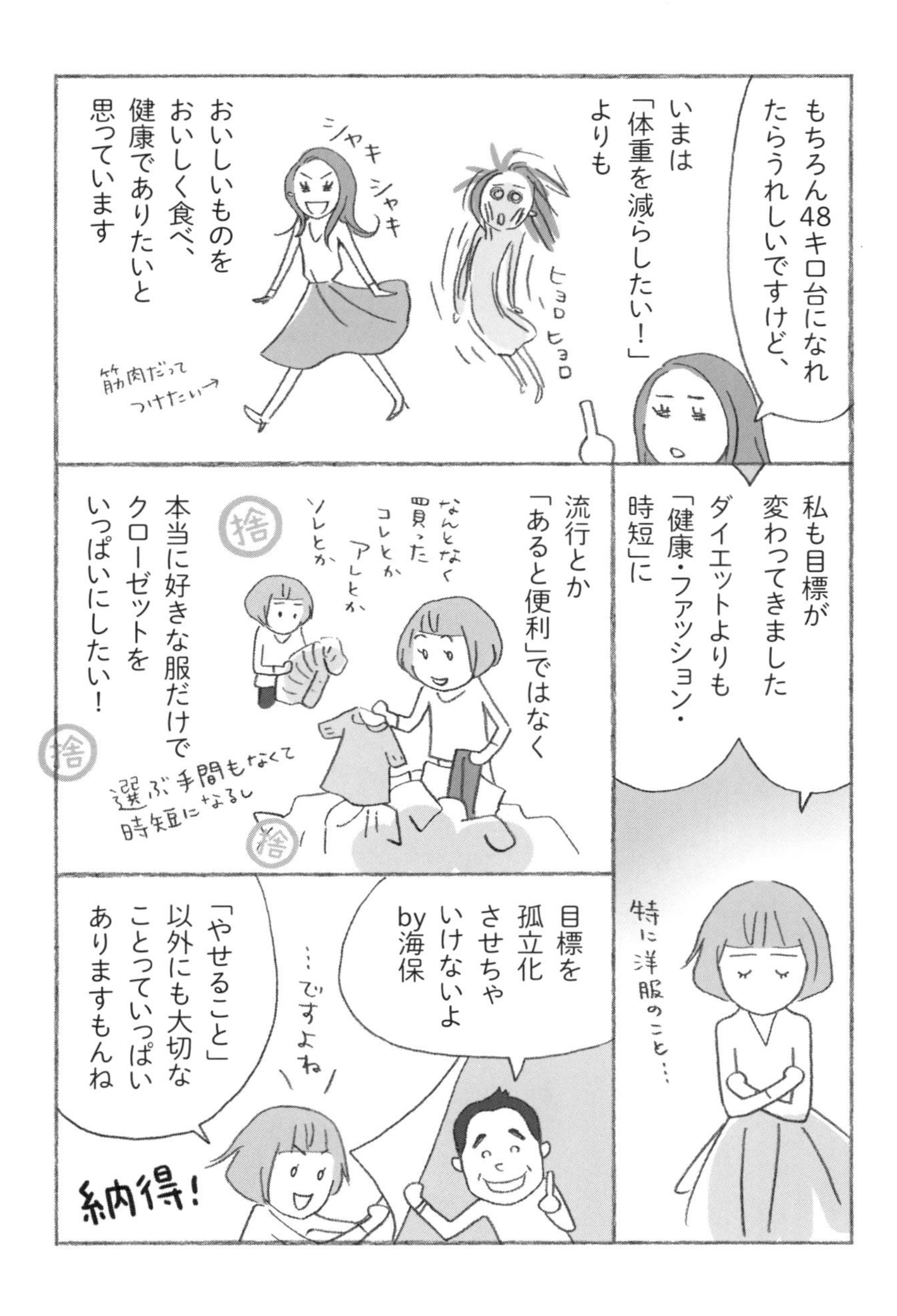
もちろん48キロ台になれたらうれしいですけど、
いまは「体重を減らしたい！」よりも
ヒョロヒョロ
シャキシャキ
筋肉だってつけたい→
おいしいものをおいしく食べ、健康でありたいと思っています
私も目標が変わってきました
ダイエットよりも「健康・ファッション・時短」に
特に洋服のこと…
流行とか「あると便利」ではなく
なんとなく買ったコレとかアレとかソレとか
捨
本当に好きな服だけでクローゼットをいっぱいにしたい！
選ぶ手間もなくて時短になるし
目標を孤立化させちゃいけないよ by海保
…ですよね
「やせること」以外にも大切なことっていっぱいありますもんね
納得！

T谷グルメレポート一例（報告メールより）

……夜は、11時半くらいにうどん。
どうしても「だし」が飲みたくなりました。
梅干し、青じそ、おぼろ昆布、
海苔、卵2個と好きなものばかり入れて至福のうどんです。

……夜は、先輩夫婦の結婚を祝うため、代官山でフレンチを食べました。
朝も昼も食べず、このために備えていたのですが
やっぱり食べたら増えますね。質量ですものね。

かぼちゃのポタージュの下にジュレが入っていて、
甘みと塩気と食感のコントラストが至福でした。
フレンチは複雑すぎて、いまメニューを思い出して
描写しようと思ったのですが、できませんでした
……。

コースの最後に、カスレを
食べたのですが、これが
本当においしくて。
豆のホクホク感と、ホロッ
とほぐれる肉、ジューシー
なソーセージ。

……で！それをふまえてこんな目標を立てました
いや、だから何やってんですか
T谷さん
次の目標アクションプラン
・ウエストを66cmにする
・エルボートゥを１日20秒行う
・週に1回は青魚を食べる（昼食でもOK）
・あたため食材（根菜系など）を毎日食べる
・体重は、48kgになるという目標を取り下げると、ブクブクもとに戻りそうなので、常に48kgが着地点というのを意識する
食べることは生きること
同じ食べるならおいしいものをね
ちなみにエルボートゥとはこれのことです
キツッ
まっすぐ
このまま20秒
なにこーく
青魚は肌アレにいいらしいんですよ
ツルッとピカピカ

H田　私の新たな目標

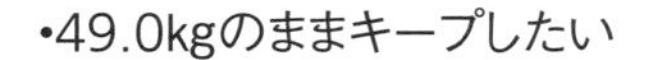

・49.0kgのままキープしたい

・健康になりたい（今年の発熱日を数えたら、いまのところ合計16日間。熱を出さない人になりたい）

・疲れにくい体になりたい（体力がなく、すぐにヘロヘロになるのがホントに悲しい）

・毎日好きなファッションで通勤したい（好きでも嫌いでもない服を処分し、クローゼットの内容をアップしたい）

ペーパードライバー克服したい!

習慣になったことはゆるゆる続けつつ
新たなアクションプランを立ててみました

私たち40kg台になったことですし目標達成したら行こうっていってた
おいしいあのビストロへ
行きましょう

よーし ごほうび ごほうびだ～っ
いいのかそれ

あとがき「いい感じ」の自分で生きていく

なぜみんな、ダイエットをするのだろう。
2年かけて真剣にダイエットに取り組んで、わかったことがある。
ダイエットとはすなわち「自分がどう生きていきたいのか」と向き合うことなのだ。

もちろん人は見た目じゃない。
海保先生は、会うたびにいってくれた。
「(そんなに)太ってないんだからさ。やせる必要ないじゃない」と。
でもやっぱり、やせてよかった。
太っている自分は好きじゃなかった。ずっとやせたいと思っていた。
やせたら少しは「いい感じ」の自分になって、自分を好きになれた気がする。
やせて大きく変わったのは「自己肯定感」だ。人生を積極的に生きていくために大切なのは、この自己肯定感だと思う。

私はフリーランスで本の編集やライティングを生業としているが、さしたる才能もないのにこの仕事で食べていくというのは、それなりに大変なことだ。「どう生きていきたいのか」と問われれば、この仕事をできるだけ長く続けていきたい。

なんの後ろ盾もないフリーランス。しかもこれからどんどん年齢を重ねていく。自信を失ったり、自分を嫌いになったりすれば、仕事も人生もうまくいかない。

10キロやせて、自分を好きになり、いまの自分を受け入れることができた。自己肯定感が高まることで、仕事をすること、人に会うこと、出かけること、服を着ること……、あらゆることに、自信をもって行動できるようになったのだ。

単なる自己満足だといわれてもかまわない。いくつになっても、自己満足って本当に大切だ。自己満足でもいいから、「いい感じ」の自分でいるほうが、絶対に楽しい。

そして、この体重をずっとキープして、50代も、60代も、ずっと「いい感じ」の自分で生きていきたい。

心からそう思う。

最後に、読者のみなさんへ。

拙い文章を最後までお読みいただき、ありがとうございます。本当に感謝です。

あらゆるダイエットに手を出し、失敗してきた私にとって、「書いて」「読んで（振り返って）」「考える」というプロセスは、これまでの概念をくつがえすものでした。そして、苦しくもつらくもない、むしろ楽しい！　という最強のダイエット生活でした。

ダイエット成功の鍵は、自分に合った方法を見つけることです。「書いて」「読んで（振り返って）」「考える」ことで、その方法を見つけ、実行できたのです。

ダイエットとは、単に体重を落とすことではなく、なりたい自分でいるための生活習慣を身につけることなんだと思います。

すべてのやせたい読者のみなさんが、なりたい自分になって、永久キープできますように……。

２０１８年３月　　山崎潤子

最後に
ビストロのお料理レポート
（from T谷のメール）
とともにダイエットを振り返ります
49kgになって「目的を達成したら行きましょう！」と約束していたビストロにて
【前菜】
ししゃものフリットは、揚げ餅のような香ばしさとししゃも（雄）のふわふわ感が脳天直撃のおいしさでした。
やせたのは、T谷さんに毎日メール報告しているからだと思います書くのは大事！
おほーーっ
おいしいっ
私もです！
おかげでふたりとも体重をキープしてますもんね
海保先生の言うとおり、「仲間をうまく利用する」というのは大事
T谷さんがほめてくれるのありがたかった
H田さんがほめてくれてよかったです
オヤ？

本当に楽しいダイエットでしたね！
ムホーーッ
楽しかったです
いろいろ名言も出たし
【前菜2】
モッツァレラチーズの密度にもうっとりしました。ずっと口の中にいてくれていいのに……と、消えていくとき寂しくなるくらい。
あまりにクリーミーで、脳みそが呆けそうでした。
先生のおかげです！
ダイエット成功したみたいだね
そうそう、「言葉」が大事だった！
よりどころでしたよね！
ムフ

【よりどころの名言1】

「あ、モデルかと思ったら、編集者だった」

「あっ、モデルかな？と思ったら私だった」（ダイヤモンド社）という本のタイトルが、すごくいいいね！

という話から、この言葉を思いついたのよね

モデルかなと思ったらライターだった

てへ

ヤダーもぅー

イイネ！

イイネ！

もちろん冗談だけど、こういう「標語」は案外、印象に残るし楽しいいし、効き目もあった！

【よりどころの名言2】

「食べたての胃」

おなかいっぱいなのに
おいしそうなものが
あるとつい食べてしまう
ふたり

ピロリン

お丁谷さんからだ

メール
メール

お昼にハンバーグを食べたら、20時くらいまで「食べたての胃」でした

おもしろい表現!!

【ブイヤベース】
ブイヤベースも衝撃でした!
なんといっても太刀魚の食感。
天女の羽衣と形容しましたが、まさに溶けて舞い上がりそうな感じでした。

そのおかげで、
いま自分の胃がどういう状態なのか、
客観的に見られるようになった

うーん 今
「食べたての胃」
だから 少なめに
しよう

そこにきて、海老の味付けが甘いというのに驚きました。
しかしブイヤベースのスープにしっかりと海老の殻のうまみが充満していて
その西洋的な滋味深さと海老の甘みのハーモニーがすばらしかったです。

ブルボン
セット

自分の現状を把握して
目的やなりたいイメージをしっかり見つめ
アクションプランを立てて
PDCAを無理なくまわして習慣化
この方法だと、ダイエットに限らず、
なんでも目標達成できる気がします
英会話とか筋トレとかにも生かせそうですねー
これで彼氏もゲットできそう
うんうん
習慣化しちゃダメでしょ
私はペーパードライバー克服をがんばる
ダイエットで自信がついたぞ！
とりあえず練習したかどうか月曜日にT谷さんに報告することにします！
ハイ
サボったら天丼とカツ丼一気食いしてもらいますよ

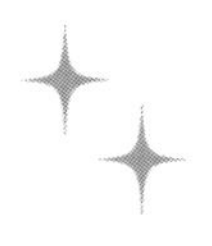

【デザート】
最後のライムパルフェも!
脂肪分が強いのに、ライムの酸味で瞬間的にそのクリーム感が弾けて消える。

山崎潤子
Yamazaki Junko

ライター・エディター。小学校高学年から現在に至るまで、小太り街道まっしぐら。ダイエットマニアでダイエットの知識は人一倍あるが、食への飽くなき執着からリバウンドを繰り返す。40歳を過ぎたころから中年太りが加速し、大台の60kgオーバーを記録。著書に『28歳からの女のリアル』（WAVE出版）、ベストセラーとなった『28歳からのリアル』（同社刊）シリーズの著者「人生戦略会議」のメンバーでもある。

［監修］
海保博之
Kaiho Hiroyuki

教育学博士。専門は認知心理学。徳島大学教育学部助手、筑波大学心理学系教授を経て、2017年3月末まで東京成徳大学学長、現名誉教授。『仕事日記をつけよう』（WAVE出版）、『集中力を高めるトレーニング』（あさ出版）、『学習力トレーニング』（岩波ジュニア新書）、『「ミス」をきっぱりなくす本』（成美文庫）、『認知心理学』（朝倉書店）ほか著書多数。76歳の現在まで、人生で「太っていた時期」が一度もないという。

10キロやせて永久キープするダイエット

2018年4月13日　第1刷発行
2019年5月15日　第7刷発行

著者　山崎潤子
監修　海保博之
発行者　山本周嗣
発行所　株式会社文響社
〒105-0001 東京都港区虎ノ門2-2-5 共同通信会館9F
ホームページ http://bunkyosha.com
お問い合わせ info@bunkyosha.com

印刷・製本　中央精版印刷株式会社

ISBNコード:978-4-86651-053-8 Printed in Japan
この本に関するご意見・ご感想をお寄せいただく場合は、郵送またはメール（info@bunkyosha.com）にてお送りください。